JN198358

1960

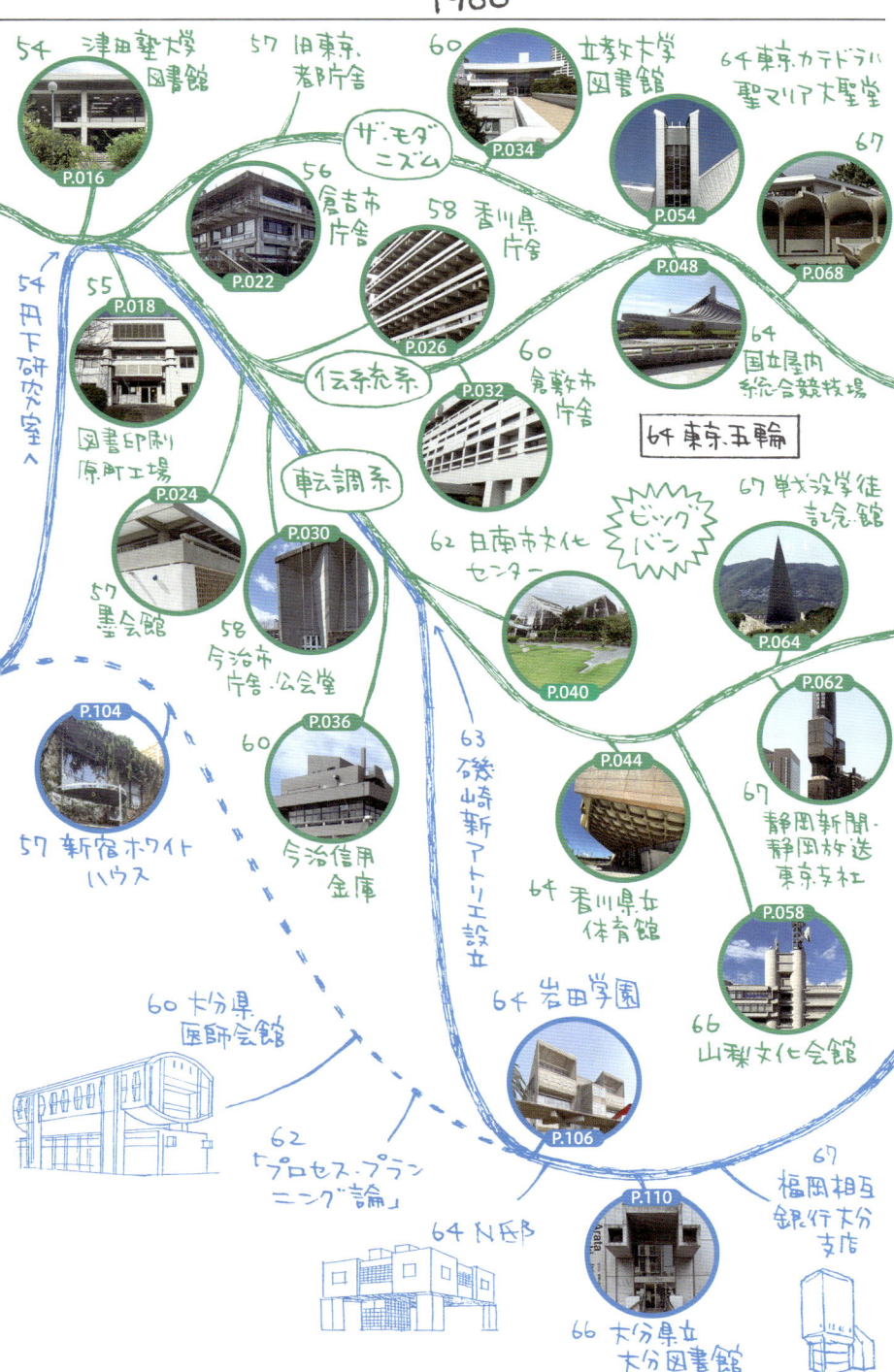

54 津田塾大学図書館 P.016

57 旧東京都庁舎

54 丹下研究室へ→

ザ・モダニズム

60 立教大学図書館 P.034

64 東京カテドラル聖マリア大聖堂 P.054

67 P.068

56 倉吉市庁舎 P.022

58 香川県庁舎 P.026

P.048

64 国立屋内総合競技場

55 P.018

図書印刷原町工場 P.024

伝統系

60 倉敷市庁舎 P.032

64 東京五輪

転調系

57 草月会館 P.030

58 今治市庁舎・公会堂 P.036

62 日南市文化センター P.040

ビッグバン

67 戦没学徒若人の像 P.064

P.062

67 静岡新聞・静岡放送東京支社

P.104

57 新宿ホワイトハウス

60 今治信用金庫

63 磯崎新アトリエ設立

P.044

64 香川県立体育館

P.058

66 山梨文化会館

60 大分県医師会館

64 岩田学園 P.106

62「プロセス・プランニング論」

64 N邸

67 福岡相互銀行大分支店

P.110 Arata

66 大分県立大分図書館

東北

岩手県 ● あいおいニッセイ同和損保盛岡ビル
（旧・千代田火災海上保険盛岡ビル）

関東

栃木県 ● 日光東照宮 客殿・新社務所

茨城県 ● つくばセンタービル ▶ P.134
● 水戸芸術館 ▶ P.146

群馬県 ● 群馬県立近代美術館 ▶ P.114
● ハラ ミュージアム アーク（現・原美術館 ARC）▶ P.142
● 県立ぐんま天文台

千葉県 ● アパホテル＆リゾート 東京ベイ幕張セントラルタワー
（旧・幕張プリンスホテル）
● 君津市民文化ホール
● 東京キリスト教学園チャペル

埼玉県 ● さいたま梨花カントリークラブ クラブハウス
（旧・武蔵丘陵カントリー倶楽部　クラブハウス）

神奈川県 ● 横浜美術館 ▶ P.82
● 桐蔭学園幼稚園・小学校・中学校
● ベイ・スクエアよこすか

甲信越

山梨県 ● 山梨文化会館 ▶ P.58
● 笛吹市春日居あぐり情報ステーション
● 南アルプス芦安山岳館
● レイク相模カントリークラブ　クラブハウス

東海

静岡県 ● 図書印刷原町工場（現・TOPPAN クロレ沼津工場）▶ P.18
● 静岡県コンベンション・アーツセンター "グランシップ"
● 静岡県舞台芸術センター

愛知県 ● 墨会館（現・一宮市小信中島公民館）▶ P.24

岐阜県 ● 神岡町役場（現・飛騨市神岡振興事務所、神岡図書館）▶ P.130
● セラミックパーク MINO ▶ P.176
● 北方町生涯学習センターきらり・岐阜県建築情報センター
（現・北方町ホリモク生涯学習センターきらり）▶ P.180

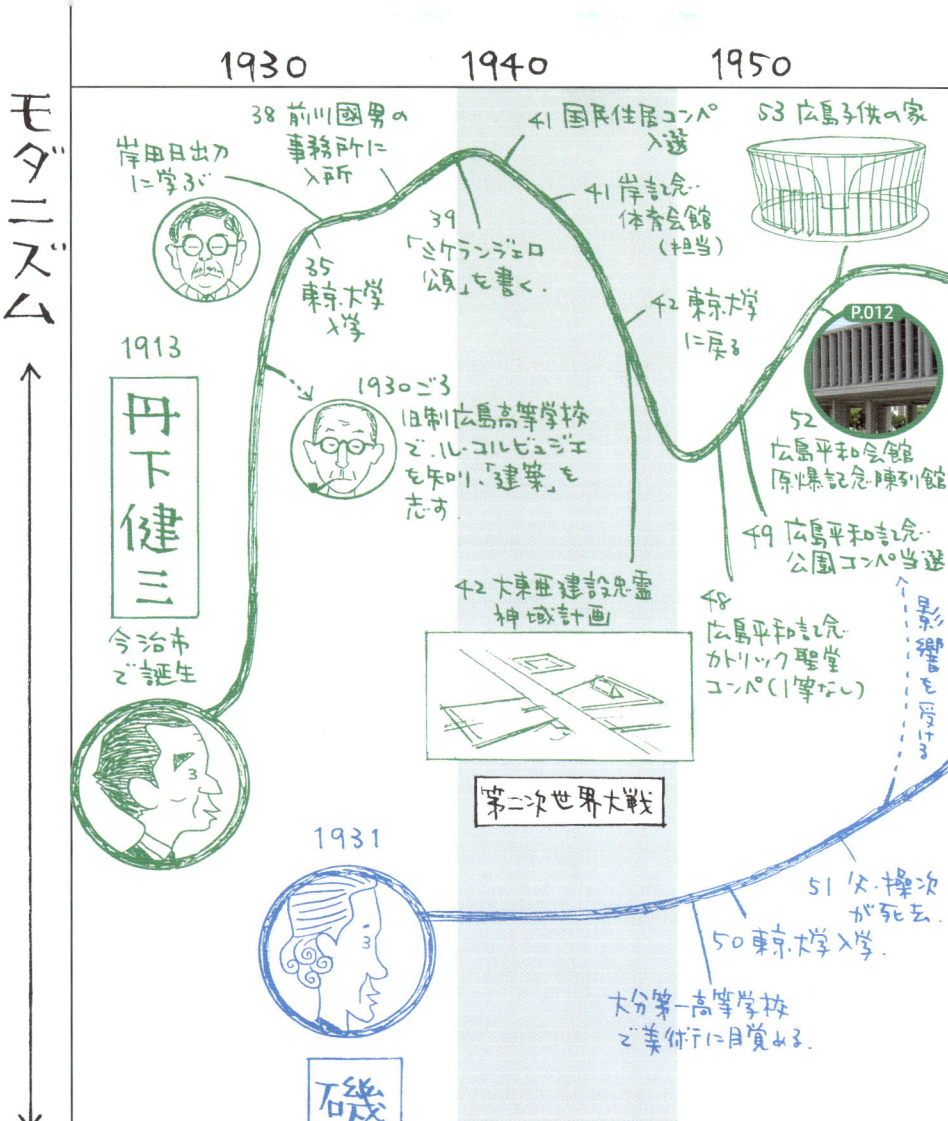

モダニズム ↑

脱・モダニズム ↓

1930　1940　1950

岸田日出刀に学ぶ

38 前川國男の事務所に入所

41 国民住居コンペ入選

53 広島子供の家

35 東京大学入学

39「ミケランジェロ頌」を書く。

41 岸記念体育会館（担当）

42 東京大学に戻る

P.012

1913

丹下健三

今治市で誕生

1930ごろ 旧制広島高等学校で、ル・コルビュジエを知り、「建築」を志す。

52 広島平和会館 原爆記念陳列館

49 広島平和記念公園コンペ当選

影響を受ける

48 広島平和記念カトリック聖堂コンペ（1等なし）

42 大東亜建設忠霊神域計画

第二次世界大戦

1931

51 父・操次が死去

50 東京大学入学

大分第一高等学校で美術に目覚める。

磯崎新

大分市で誕生

丹下健三・磯崎新 統合年表

本書に掲載した建築を中心に、丹下健三と磯崎新の国内主要プロジェクトを概ね竣工年順に横軸に並べ、「モダニズム」寄りのものを上、「脱・モダニズム」寄りのものを下に置いて、2人の関係性を可視化した。手書きの数字は竣工年などの西暦（下2ケタ）、活字の数字は本書の掲載ページを示す。

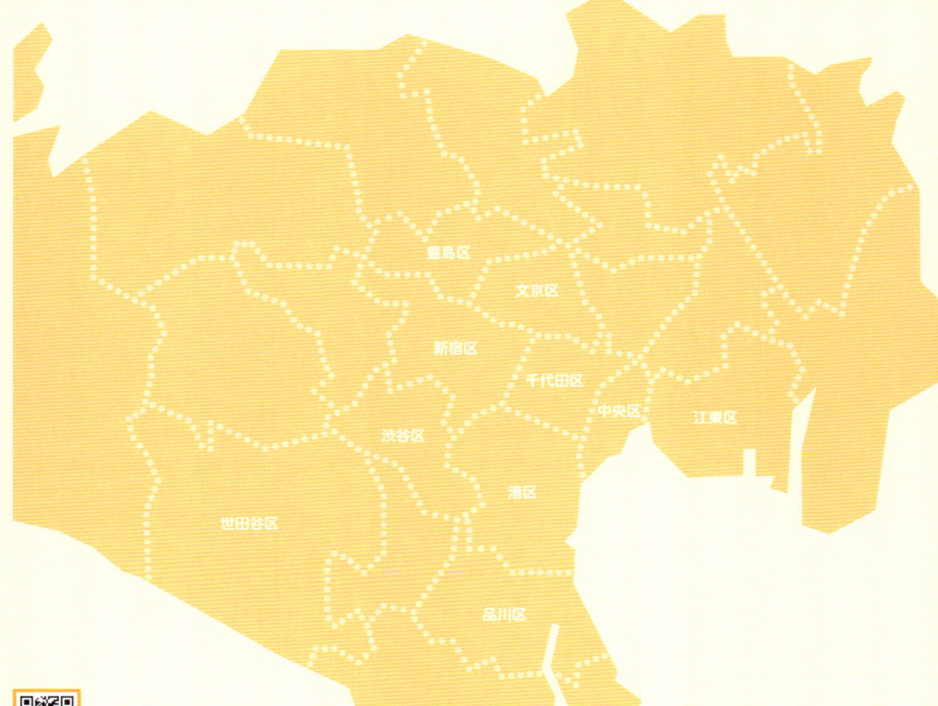

東京

画文で巡る！

画文で巡る！
丹下健三・磯崎新
建築図鑑

宮沢洋 著

はじめに

　丹下健三と磯崎新。ともに大建築家で師弟関係にある 2 人が残した建築を、もっと気楽に楽しみたい──。そんな意図で企画したのが本書である。国内に現存する丹下建築、磯崎建築を見て回り、ぜひ実物を見てほしいと思ったものをそれぞれ 25 件厳選。イラストと写真、文章でリポートした。

　戦後すぐに広島平和記念公園の設計でデビューし、1964 年東京五輪で世界に名を知られるようになった丹下。その活動の初期を支え、1970 年代半ば以降は丹下とともに日本建築界を代表する存在となった磯崎。丹下が 2005 年 3 月に亡くなってから 20 年。磯崎が 2022 年 12 月に亡くなってから 2 年がたつ。

　その後も、戦後の建築界をけん引した大建築家たちが相次ぎ旅立つ中で、特にこの 2 人が切り開いた道は大きかったと改めて感じる。後の建築家たちは、2 人の存在があって自分の立ち位置を明確に定めることができた。

　しかし、その存在が大き過ぎるがゆえに、今は「見なくてもわかる」あるいは「予備知識がないと見てもわからない」と考える人が増えているように思う。「うっ、図星…」と思ったあなたにこそ、この本は読んでもらいたい。

　建築の解釈は自由だ。本書はあくまで着火剤であり、きっとあなたなりの見方が見つかる。雲の上の 2 人も、その様子をほほえんで見ているはずだ。

宮沢洋｜画文家、BUNGA NET 編集長

CONTENTS

Chapter. 2 磯崎新 100

・特記以外のイラスト・写真・文章はすべて宮沢洋による。
・文章中およびイラスト中は原則、敬称を省略した。
・建物名は原則、完成時の発表名称を優先した。データ欄の建築概要も原則、当初のもの。
・それ以外の情報は、2025年1月時点のもの。訪問時には各施設に詳細をご確認ください。

丹下健三

5つのキーワード

5 丹下建築を味わうための

丹下健三の建築には彫刻的な造形のものが多いので、予備知識がなくても良さはわかるだろう。だが、丹下のこだわりや"好み"を知っていれば、より深く味わえる。

1 ル・コルビュジエ

Le Corbusier
1887 –
1965

1952 ユニテ・ダビタシオン

丹下健三は旧制広島高等学校の図書室でル・コルビュジエ（1887 〜 1965年）の存在を知った。特に「ソヴィエト・パレス」のコンペ案（1932年、落選）に衝撃を受け、建築家を志す。コルビュジエは丹下よりも26歳上。1927年に「近代建築五原則」（ピロティ／自由な平面／自由な立面／水平連続窓／屋上庭園）を発表。それを体現した「サヴォア邸」が1931年に完成し、世界に名を知られつつあった。

丹下は東京帝国大学建築学科を目指すが、受験に2度失敗。1935年、3度目で合格。卒業すると、パリのコルビュジエの下で修行した前川國男

1932 ソヴィエト・パレス コンペ案

（1905 〜 1986年）の設計事務所に勤めた。勤務の傍ら、1939年に「ミケランジェロ頌」と題した文章を発表（頌は「たたえる」の意味）。丹下が憧れたミケランジェロとコルビュジエの2人を重ね合わせて論じた。

1951年、前川に同行したCIAM（近代建築国際会議）の大会で、初めてコルビュジエ本人に会う。デビュー作の「広島平和会館原爆記念陳列館」（1952年）は、コルビュジエの「ユニテ・ダビタシオン」の影響が見て取れる。

1939 丹下健三
「ミケランジェロ頌」
Michelangelo
1475 – 1564

009

2 鼓形 <small>つづみ</small>

丹下の建築（案も含む）の平面には、しばしば台形を線対称に折り返した形が現れる。「鼓形」と呼ばれるその形が確認できるのは、戦時下のコンペ案「大東亜建設忠霊神域計画」（1942年）から。実現したものでは「広島平和記念公園」コンペの全体計画（1949年）が有名だ。陳列館（1952年）の室内にも、鼓形が見られる。その後も「日南市文化センター」（1962年）や「国立屋内競技場」（1964年）などで、この形がベースとなった。この形の源流を遡ると、やはりル・コルビュジエの「ソヴィエト・パレス案」の影響があることは明らかだ。

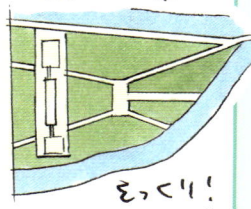

1942
大東亜
建設忠霊神域計画

1949 広島平和記念
公園コンペ案

そっくり！

1932
ル・コルビュ
ジエのソヴィ
エトパレス・
コンペ案

3 展望台

丹下の建築には、最上部に展望台を設けたものが多い。海の見える立地では100％と言ってよいくらい展望台がある。有名なのは「香川県庁舎」（1958年）で、ここの屋上にはル・コルビュジエを思わせるデザインの展望タワーがある。その足元にはかつて、バーカウンターもあった。丹下の故郷である今治市の「今治信用金庫」（1960年）には、彫刻のような造形の展望台がある。後期の建築でも、「東京都新庁舎」（1991年）には2つも展望室があるし、「フジテレビ本社ビル」（1996年）では展望室が文字通り、外観の"目玉"となっている。

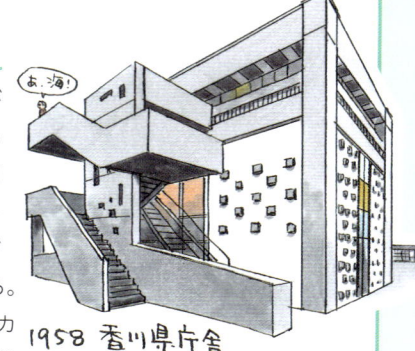

あ、海！

1958 香川県庁舎

1991 東京都新庁舎

1960
今治信用金庫本店

4 モデュロール

モデュロール（Modulor）はル・コルビュジエが考案した寸法体系。フランス語の module（寸法）と Section d'or（黄金比）の造語だ。

人間の身長（183cm）とへその高さが黄金比（フィボナッチ数列の隣り合う比）になることに着目し、これをフィボナッチ数列で分割。人が立って手を挙げた時の高さ（226cm）も同様に割り込んで、2系列の寸法を設計の尺度とした。丹下は、これを日本人に合わせた"丹下版"を作成。初期〜中期の建築に用いた。「香川県庁舎」（1958年）では建築の細部から家具に至るまで徹底したことで知られる。

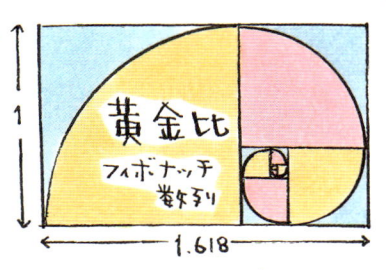

「ル・コルビュジエの『モデュロール』」

2系列のフィボナッチ数列

226 / 183 / 140 / 113 / 86 / 70 / 54 / 43

黄金比 フィボナッチ数列 1.618

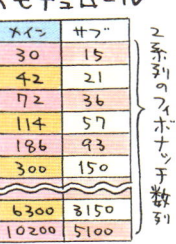

香川県庁舎（1958）のモデュロール

メイン	サブ
30	15
42	21
72	36
114	57
186	93
300	150
6300	3150
10200	5100

2系列のフィボナッチ数列

5 坪井善勝（つぼいよしかつ）

彫刻的な造形で世界にアピールした丹下にとって、構造家・坪井善勝（1907〜1990年）は切り離して考えられない存在だ。坪井は丹下より6歳上。最初の協働は「広島子供の家」（1953年、現存せず）だった。丹下研究室の担当は沖種郎で、丹下が沖に、アサガオ形のシェル構造を実現できる構造家を探すよう指示。沖が連れてきたのが東京大学生産技術研究所教授の坪井だった。これに続く「愛媛県民館」（1953年、現存せず）も2人のコンビによるもので、この建築で丹下は初の日本建築学会賞を受賞した。代表作の「国立屋内総合競技場」（1964年）も構造設計は坪井。弟子の川口衛（103ページ）が実現を支えた。

YOSHIKATSU TSUBOI 1907 −1990

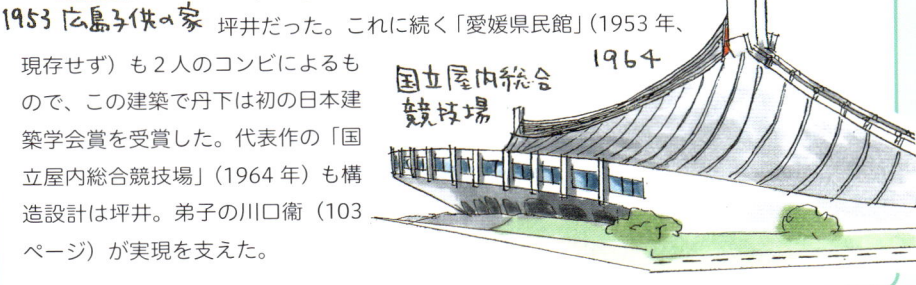

1953 広島子供の家

国立屋内総合競技場 1964

丹下健三

01 | 世界を驚かせた "消える軸線"
広島平和会館原爆記念陳列館
（現・広島平和記念資料館本館）

1952年

1階のピロティ。コンペ当時には、原爆ドームは「残骸」にすぎなかった。広島市議会で永久保存が採択されたのは1966年。その間、原爆ドームを平和のシンボルとして浮き立たせた丹下の軸線は、保存運動の大きな原動力となった

所在地	広島県広島市中区中島町 1-2
設計	丹下健三研究室
施工	大林組
構造	鉄筋コンクリート造
階数	地上 2 階
延べ面積	2848.10 ㎡
竣工	1952 年（昭和 27 年）
交通	JR 広島駅からバスで約 20 分、「平和記念公園」下車

◀北側から見た外観。2019 年に免震化の工事を実施した

広島平和会館（現・広島平和記念資料館）は、戦時中からコンペで名をはせていた丹下健三の実作第 1 号だ。1949 年に広島平和記念公園全体を対象とした公開コンペが実施され、丹下が 1 等に選ばれた。

丹下は愛媛県今治市の出身で、旧制広島高校に通っていたことから、被爆した広島に特別な思いがあった。終戦後すぐに広島の調査にも参加した。同時期に行われた「世界平和記念聖堂」のコンペでは 2 等と涙をのんだが（1 等なし）、平和公園のコンペでは国内外に衝撃を与える案で勝利した。

その特徴は、圧倒的な存在感を放つ軸線。メインの展示施設である「陳列館」（現・本館）の 1 階はピロティ状で、中央部分からまっすぐ先に記念碑があり、さらに先に原爆ドームが見える。実際には軸線は川で途切れているが、誰もがそれを認識する。「消える軸線」とも呼ばれる。

かつて墓地が広がっていたあたりに 1952 年、陳列館が竣工。1955 年に東側の「本館」が竣工し、第 1 回原水爆禁止世界大会のニュースとともに世界に発信された。

西側には丹下とは別の設計者によるホテルが建てられたが、1989 年に丹下の設計で国際会議場が完成。丹下の考える配置となった。東側にあった本館は 1994 年に丹下の設計で建て替えられ、現在の東館となった。陳列館（現・本館）は 2006 年、戦後建築として初めて国の重要文化財に指定された。

◀ピロティ。柱の形はル・コルビュジエの「ユニテ・タビタシオン」の影響が大きいといわれる

◀北側のギャラリー。記念碑や原爆ドームが見える

「軸線」というものをこれほど体で感じる建築は他にないだろう。
「ピロティ」がなぜあるのか. もわかる。デビュー作にしていきなりこれか…。

広島平和記念資料館。今でもピロティのまん中に原爆ドームが見える。

丹下健三は1949年に公開コンペで選ばれた。この時点で軸線は原爆ドームに向いていた。現在の「本館」は「陳列館」として1952年に竣工。55年の「原水爆禁止世界大会」でお披露目。

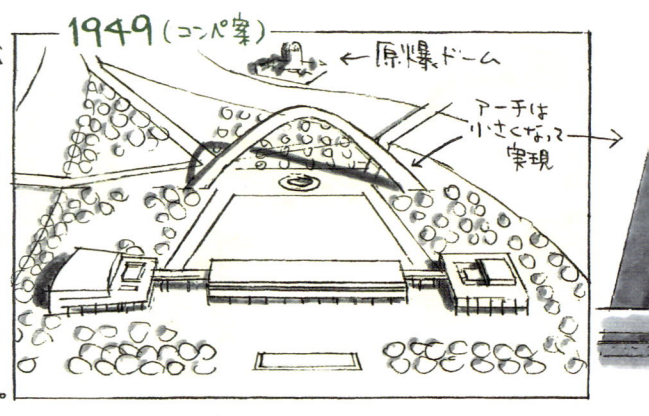

1949 (コンペ案)

← 原爆ドーム

アーチは
小さくなって
実現

1等:丹下健三　2等:山下寿郎　3等:荒井龍三

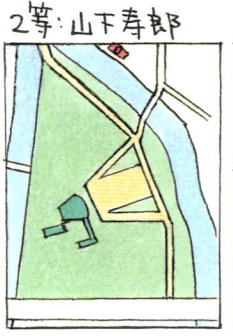

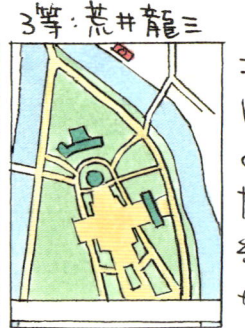

コンペの審査委員には. 丹下の師匠の岸田日出刀がいた。それでも. この結果は異論のないところだろう。

ゲート状の構造物が軸線をまたぐ構成は、同じ広島県の厳島神社に通じる一と建築史家の鈴木博之（1945-2014）は指摘した。なるほど確かに。

デザイン表現は憧れのル・コルビュジエの影響大。ちょっと似すぎでは、とも思う。

◀ピロティの柱は「ユニテ・ダビタシオン」（1952年）にそっくり。

コルビュジエが「ブリーズソレイユ」と呼んだ日よけのルーバーが ▶びっしり。

1955

だが、竣工時の写真を見ると、丹下はミース的な透明感※も目指したようだ。

※ミース・ファン・デル・ローエ（1886-1969）：透明な建築を切り開いたモダニズムの巨匠

（いずれも当時の展示の様子）

現在は暗がりの中での展示だが当初はこんなに光が入った。広島で青春期を過ごした丹下にとって、日の光こそが「平和」だった？

70年間守られ続ける開放感
津田塾大学図書館（現・星野あい記念図書館）

1954年

所在地	東京都小平市津田町 2-1-1
設計	丹下健三研究室
施工	大成建設
構造	鉄筋コンクリート造
階数	地上2階
延べ面積	1202.30㎡
竣工	1954年（昭和29年）
交通	西武国分寺線・鷹の台駅から徒歩約8分（見学は外観のみ）

⬤ 正門のある南側から見た外観

　東京都小平市の津田塾大学図書館は、丹下健三の設計で1954年に完成した。現在は「星野あい記念図書館」と呼ばれる。星野あいは創立者・津田梅子の後を継いだ二代目塾長で、図書館の資金集めに奔走した。

　図書館があるのは正門左手（北側）の樹木が茂る広場の奥。2階建ての建物は、床スラブと水平屋根が屋外のコンクリート柱で支えられている。軒の出が深く、ガラス面は柱から切り離され、「これぞモダニズム」といえそうな清廉な佇まいだ。

　広場に面した南側は2層吹き抜け（天井高約5.5m）で、南と西がガラスを介して緑に囲まれる。閲覧室は1階・2階とも壁がなく、コンクリート打ち放しの柱がリズムを与える。まるで半屋外のような開放感。竣工時の写真と見比べてもほとんど変わっていないことに驚く。

　1980年に書庫を北側に増築（設計は大成建設）。北側はその後も何度か増改築されている。2001年には耐震補強が実施され、外部の一部にブレースが加えられた。

⬤ 南側の入り口。2001年に耐震補強を実施

⬤ 1階の南側。室内は竣工時とほとんど同じ

丹下健三の最初期の建築として、これは早く文化財に指定した
方がよいのでは？ いい意味で力の抜けた、前川國男的美しさ。

閲覧室の吹き抜けは、竣工時と全く見え方が変わっていない！

〈南北断面〉 柱は開口部の外側。　　〈南北面〉 耐震補強は目立たない両脇に。

◀庇の出が3m近くあるので、夏の直射
日光はほとんど入らないとのこと。
それでも、冷房なしの
時代は暑かったろう、と
思ったら、一部が開閉
可能・網戸付きだっ
た。(今は閉めきり)▶

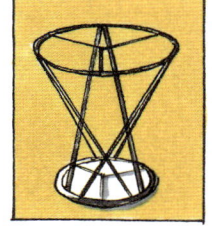

◀この傘立て、なんと
丹下デザインのオリジ
ナルという。えー、これ
も文化財級では？

南東から見た原町工場（現在の「1棟」）。竣工時はガラス張りで中が見えた

モダニズムの花形は 70 年現役

03 図書印刷原町工場 （1955年）

（現・TOPPAN クロレ沼津工場）

所在地	静岡県沼津市大塚 15
設計	丹下健三研究室
施工	大成建設
構造	鉄骨造
階数	地下 1 階・地上 1 階
延べ面積	1 万 1841 ㎡
竣工	1955 年（昭和 30 年）
交通	JR 原駅から徒歩約 20 分 （見学は敷地外からのみ）

⬤南側の中央部。レンズ型の大梁を支える十字断面の柱が外にも現れる

　初期のモダニズム建築にとって工場は"花形"の建築タイプだった。世界文化遺産の工場もいくつかある。それを考えれば、丹下健三によるこの印刷工場が現役で稼働していることはあまりに知られておらず、世界に誇るべきものであるとさえ思う。

　1955 年に完成した「図書印刷原町工場」は、社名変更などに伴い、「TOPPAN クロレ沼津工場」となっている。工場敷地内で「1 棟」と呼ばれる西側の建物がそれだ。

　当初は東京大学教授の岸田日出刀に打診され、弟子の丹下に任される形で設計が進んだ。外観で印象的なのは、南面に現れるレンズ型の梁。両端部が細くなった長さ 80m 超の鉄骨トラス梁で、建物内に入るとこれを支える十字断面の鉄筋コンクリート柱が中央部に 2 列に並ぶ。その間は通路として利用され、空調配管や配線の幹線経路ともなっている。

　竣工当時は、外周がほとんどガラス張りだった。空調は井水を活用したもので、現在も稼働している。構造設計は横山不学、設備設計は河合健二が担当した。丹下はこの建築により、愛媛県民館（1953 年、現存せず）に続いて 2 回目の日本建築学会賞を受賞した。

　大きな賞こそ取っていないが、6 年後の 1961 年に竣工した「原町東工場」（現在は「2 棟」と呼ばれる）は、構造・設備・意匠の一致という意味でさらにチャレンジング。こちらは当時とほとんど変わらない姿で現役だ。

⬤工場内。2003 年に耐震補強を実施し、中央部の柱・梁を強化した

⬤6 年後に完成した東工場（現在は「2 棟」と呼ばれる）も現役。2006 年に耐震補強を実施

図書印刷原町工場は丹下健三が2度目の日本建築学会賞を受賞した建築だ。竣工時の外観写真を見たことがある人は、今の閉鎖的な外観にちょっとがっかりかも。

1955

↑
ちなみに1度目の受賞は愛媛県民館（1953、現存せず）

当初は外周のほとんどが、ガラスカーテンウォール!

が、しかし!! 竣工時の丹下の思想は現在も生きている。

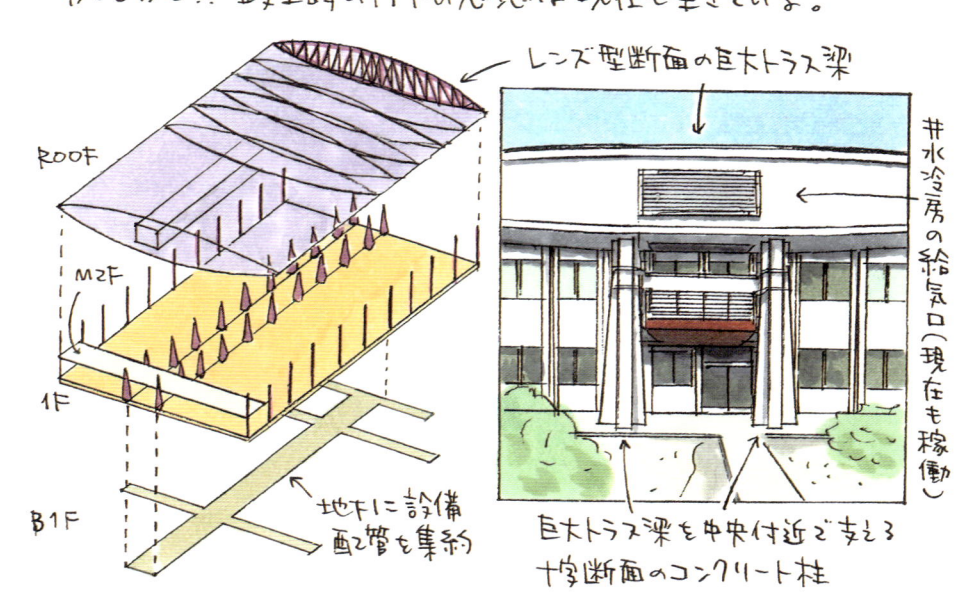

レンズ型断面の巨大トラス梁

ROOF

M2F

1F

B1F

地下に設備配管を集約

井水冷房の給気口（現在も稼働）

巨大トラス梁を中央付近で支える十字断面のコンクリート柱

内部は約90m×120mの無柱空間。ヤジロベエのように中心で力を受ける構造のため、耐震補強はそこに集中することができたという。

1955

← 柱をまたぐ梁を追加し、柱自体には鉄板を巻いた。

6年後に丹下の設計で東隣に完成した東工場にもびっくり。こちらは吊り構造で、構造・設備(空調)・意匠が見事に一致している。

↑引き込み線(廃止)

原町工場

別設計者

東工場
(増築)

N

おおよ

原町工場

富士山も…

← 役得で屋根の上に上らせてもらった。

こういう仕組みだそう。

給気

〈断面〉

排気

電気室

こちらも、井水冷房が今も現役。すごい。

師・岸田日出刀が与えた模索の場
倉吉市庁舎

1956年

所在地　鳥取県倉吉市葵町722
設計　岸田日出刀、丹下健三研究室
施工　大林組
階数　地下1階・地上3階
構造　鉄筋コンクリート造
延べ面積　3225㎡
竣工　1956年（昭和31年）
交通　JR倉吉駅からバスで約10分

○北から見た全景。敷地が傾斜しているため、地下1階が地上に現れている

　鳥取県倉吉市の打吹城跡のふもとに立つ鉄筋コンクリート造、地下1階・地上3階の市庁舎だ。丹下健三が東京大学の師である岸田日出刀と共に設計した。岸田は倉吉に隣接する北条町（現・北栄町）出身だ。

　主要部はほぼコンクリート打ち放し。これについて丹下は竣工時、「たいていの設計は少なくとも半年か1年かかるのだが、これは3か月足らずだった」、「消極的な理由からすでに実験ずみの方法に頼ったまで」と書いている。岸田のためにやらざるを得な

かったと言いたげな書きぶりだ。

　しかし出来上がった建築は、モダニズムらしい水平線を強調したデザインでありつつも、庇や手すりが「日本」を感じさせるものに。2年後に完成する香川県庁舎の礎になったことは明らかだ。丹下はこの建築で、図書印刷原町工場に続き3度目の日本建築学会賞を受賞する。岸田にとっては初の受賞だ。

　1998年に耐震補強が実施され、2007年には国の登録有形文化財となった。

○市民ホールと名付けられた地下1階〜地上1階の半屋外スペース

○中庭。補強ブレースが目立つのが残念

東京大学の師、岸田日出刀との共同設計により、丹下健三が3度目の日本建築学会賞を受賞した建築である。　　　　岸田の出身地も近い。

丹下はそんな賞をもらうと思っていなかったのだろうか。完成時の設計主旨は言い訳じみている。設計期間が3カ月しかな

議場

かった、時間がないので広島と同じコンクリート打ち放しにした — などなど。先に設計をスタートした旧都庁舎（1957、現存せず）はスチールをメインにしていたので、丹下は"後退"と感じていた？

もちろん、単純に同じことはやらない。ここで丹下は、コンクリートによる"日本らしさ"の実験を行った。これが2年後に完成する香川県庁舎のステップになったことは明らか。岸田の思惑通り？

所在地　愛知県一宮市小信中島
　　　　南九反11-1
設計　丹下健三研究室
施工　大林組
構造　鉄筋コンクリート造
階数　地上2階
延べ面積　2525.14㎡
竣工　1957年（昭和32年）
交通　JR尾張一宮駅からバスで
　　　約15分、「尾張中島」バ
　　　ス停下車、徒歩10分

△北東側の角から見た外観。北面の外壁は穴あきテラコッタブロック積み

　墨会館は、染色などを扱う艶金興業の本社として1957年に竣工した。「墨」は当時の墨敏夫社長の名字だ。墨社長が雑誌で見た旧東京都庁舎に感銘を受け、丹下健三に設計を打診。断られたが、粘り強く交渉して実現したという。雑誌発表では「S会館」とされた。磯崎新が担当に名を連ねる。

　周囲が工場であったため、騒音対策として建物全体を壁で囲んでおり、要塞のよう。それでも室内には、中庭からの自然光のほか、外周側からも様々な工夫で光を採り入れている。特に、外観ではほとんど認識できない天井近くのスリットに驚く。

　竣工から約50年後の2008年、艶金興業の申請により国の登録有形文化財となるが、同社は繊維業の不振により、事業から撤退。2010年、一宮市が公民館などの施設として活用する方針のもと、土地建物を購入した。2014年の耐震改修後は、事務室だった北側1階が研修室や調理室などの諸室となり、南側のホールは地域の集会室として使われている。

△中庭を南側から見る。2014年に耐震改修を実施した

△集会室。耐震改修の設計は大建設計で、丹下都市建築設計（現・TANGE建築都市設計）が監修を担当

住宅街になぜこの閉鎖的な外観？ ぐるっと200m上以上にわたり白い壁が続く。

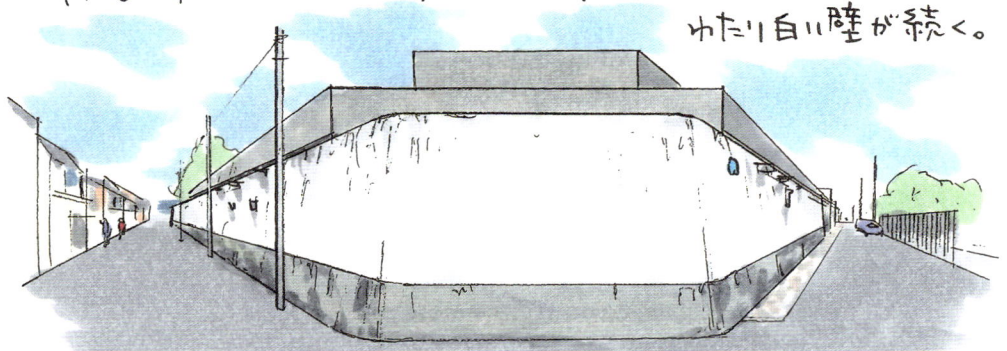

理由は、かつての周辺写真と見比べればわかる。

1957

Now

竣工時は周囲を工場に囲まれていたが、今は住宅と物流施設に。

建物内は中庭に向けて開かれており、閉塞感は全くない。

会議室▶

室内に入ると上部にスリットがあることに気づく。

こ、これは地味に大変な構造！ 現地ではここを必ず見て！

採光スリット

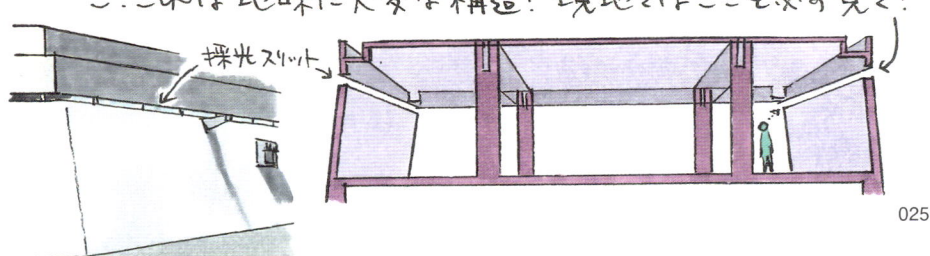

丹下健三

06

丹下モデュロールが生むリズム

香川県庁舎（現・香川県庁舎東館）

1958年

南面の見上げ。印象的な小梁について、担当者だった神谷宏治（1928～2014年）はこう語っている。「あれの幅は114mm、モジュールから来ている寸法で、鉄筋が中に1本入っているんですが、今見てもほとんど亀裂が入っていないし、サビも出ていない。いかに優れたコンクリートを打ったのかこれでわかると思います」

所在地 香川県高松市番町
4-1-10
設計 丹下健三研究室
施工 大林組
構造 鉄筋コンクリート造
階数 地下1階・地上8階・塔
屋3階（当初）
延べ面積 1万2066.20㎡（当初）
竣工 1958年（昭和33年）
交通 JR高松駅から徒歩
約20分

⬆南側から見る。庭園も丹下の設計

　高松市に香川県庁舎（現・東館）が竣工したのは1958年。東京に東京タワーが完成した年だ。2019年の免震化工事を経て、2022年に国の重要文化財に指定された。指定に際しては、「鉄筋コンクリート造による日本の伝統建築の表現を、柱や梁、庇から成る軽やかな意匠で達成した」と評価された。

　丹下健三（当時は東京大学助教授）に設計を依頼したのは金子正則知事だ。「デザイン知事」とも呼ばれた金子は、1950年から74年まで知事を務めた。旧制中学の先輩である猪熊弦一郎のつてで丹下にアプローチ。猪熊は1階ロビーの陶板壁画を担当した。また当時、県庁建築課の職員として丹下をサポートした山本忠司は、15年後の1973年、自らの設計で「瀬戸内海歴史民俗資料館」を完成させる。2024年にこれも国の重要文化財となることが決まり、金子は2つの重要文化財を生み出したことになる。

　高層棟は、中央にコンクリートの耐震壁を置き、この中にエレベーターや階段、トイレなどを納めて構造的な背骨とするコア・システムを採用している。構造設計は坪井善勝だ。

　外観を印象づける小梁の幅は114mm。小梁は室内の天井に格子状に表われ、その下に間仕切り壁が自由に設置される。これらの寸法は、ル・コルビュジエの「モデュロール」を参考にした"丹下版モデュロール"によって厳密に決められた。

⬆東側から低層棟ごしに庭園を見る

⬆1階ロビー。中央のコアを包む陶板壁画は猪熊弦一郎による「和敬清寂」（写真：森清）

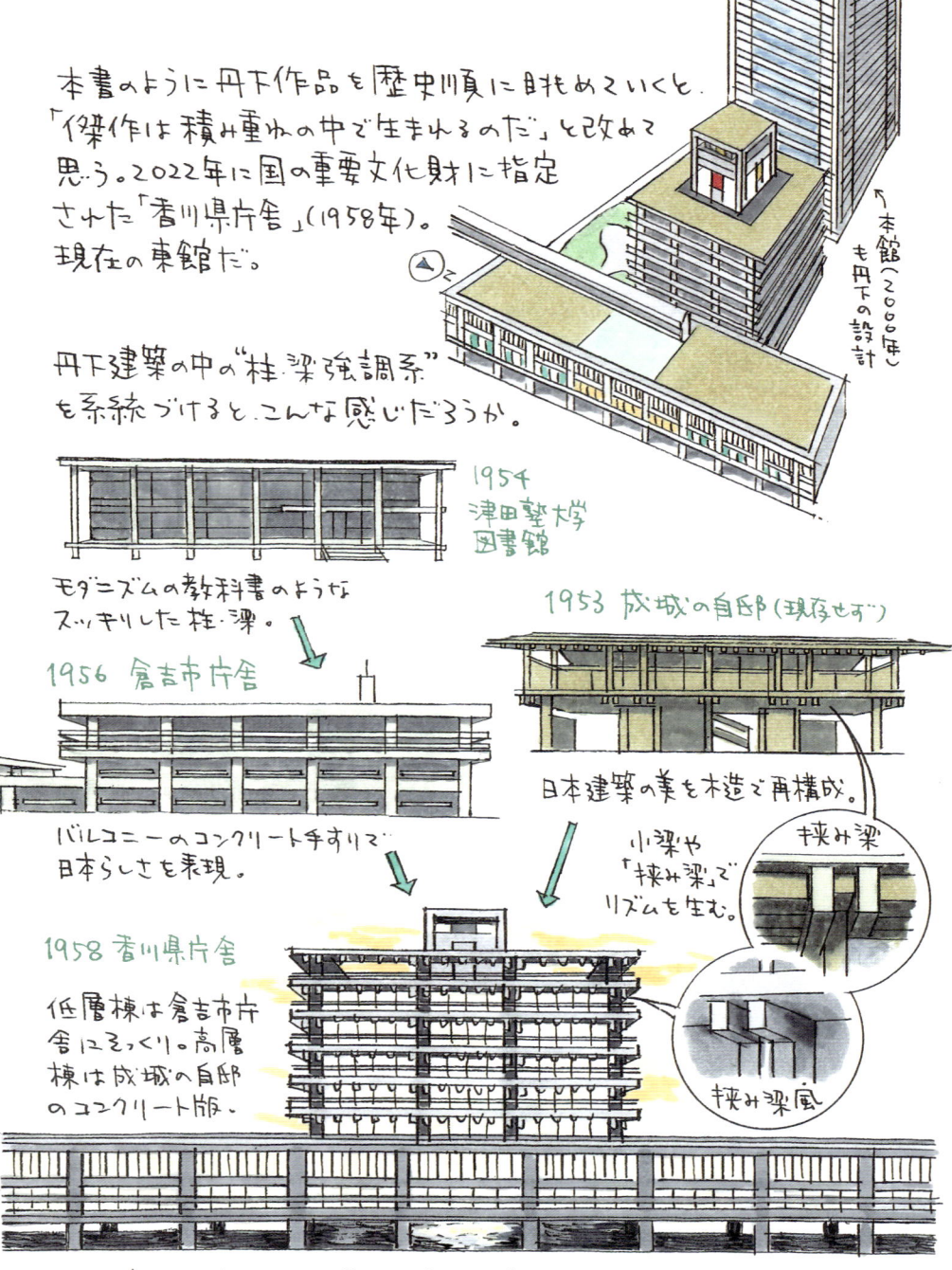

本書のように丹下作品を歴史順に眺めていくと.「傑作は積み重ねの中で生まれるのだ」と改めて思う。2022年に国の重要文化財に指定された「香川県庁舎」(1958年)。現在の東館だ。

↑ 本館 (2000年) も丹下の設計

丹下建築の中の "柱・梁強調系" を系統づけると、こんな感じだろうか。

1954 津田塾大学図書館

モダニズムの教科書のようなスッキリした柱・梁。

1956 倉吉市庁舎

バルコニーのコンクリート手すりで日本らしさを表現。

1953 成城の自邸 (現存せず)

日本建築の美を木造で再構成。

小梁や「挟み梁」でリズムを生む。

挟み梁

1958 香川県庁舎

低層棟は倉吉市庁舎にそっくり。高層棟は成城の自邸のコンクリート版。

挟み梁風

たった5年でこの進化。突然の産物でないことは明らか。

薄っ!

間近で小梁を見ると、びっくりの薄さ（114mm）。

それによって、こうしたシャープな陰影が生まれる。

小梁の幅も、梁間の
ピッチも、丹下版の
"モデュロール"に基づ
いて決められた。

香川県庁舎の モデュロール		
メイン	サブ	
30	15	
42	21	
72	36	
114	57	
186	93	
300	150	
6300	3150	
10200	5100	

2系列のフィボナッチ数列

現在は立ち入り禁止だが、
屋上には丹下の好きな
展望台がある（3層の塔屋）。
上らせてもらうと海が見えた。

あ、海！

Before

かつては喫茶のバーカウンターが
屋上にあり、ビールも飲めたという。

遠景のシルエット →
にもこの展望台
が利いている。

所在地	愛媛県今治市別宮町 1-4-1
設計	丹下健三研究室
施工	大林組
構造	鉄筋コンクリート造
階数	地上3階（市役所）、地上2階（公会堂）
延べ面積	4560㎡（市庁舎）、2293㎡（公会堂）
竣工	1958年（昭和33年）
交通	JR今治駅から徒歩約5分

⬤北側から見る。右手前が公会堂。左が市民会館。その間に市庁舎が見える

　丹下健三が幼少期を過ごした愛媛県今治市に、45歳になった丹下が"凱旋"する形で完成させた市庁舎と公会堂だ。通りからよく見える公会堂は、コンクリート打ち放しの折板構造。荒々しくなりがちな構造形式だが、丹下の手にかかると工芸品のよう。

　丹下の下で図面を引いたのは若き日の磯崎新（完成時27歳）で、公会堂内の波打つ天井は後の磯崎建築をほうふつとさせる。

　公会堂の南側に立つ市庁舎は、日よけのルーバー（ブリーズソレイユ）により水平性を強調したすっきりデザイン。遠目にはわかりにくいが、水平ルーバーの裏側に、45度の角度で南に開いた垂直ルーバーが並ぶ。丹下は市庁舎も折板風のギザギザ外観にしたかったようだが、構造家の助言で角に柱を立てることになったという。

　7年後の1965年、公会堂と向き合う形で丹下の設計による市民会館が完成。1972年に地上10階建ての市庁舎第1別館が、1994年には地上13階建ての第2別館がいずれも丹下の設計で完成した。

⬤市庁舎。南に45度開いた垂直ルーバーは、外観ではわかりにくい

⬤公会堂内。波打つ天井は磯崎建築をほうふつとさせる

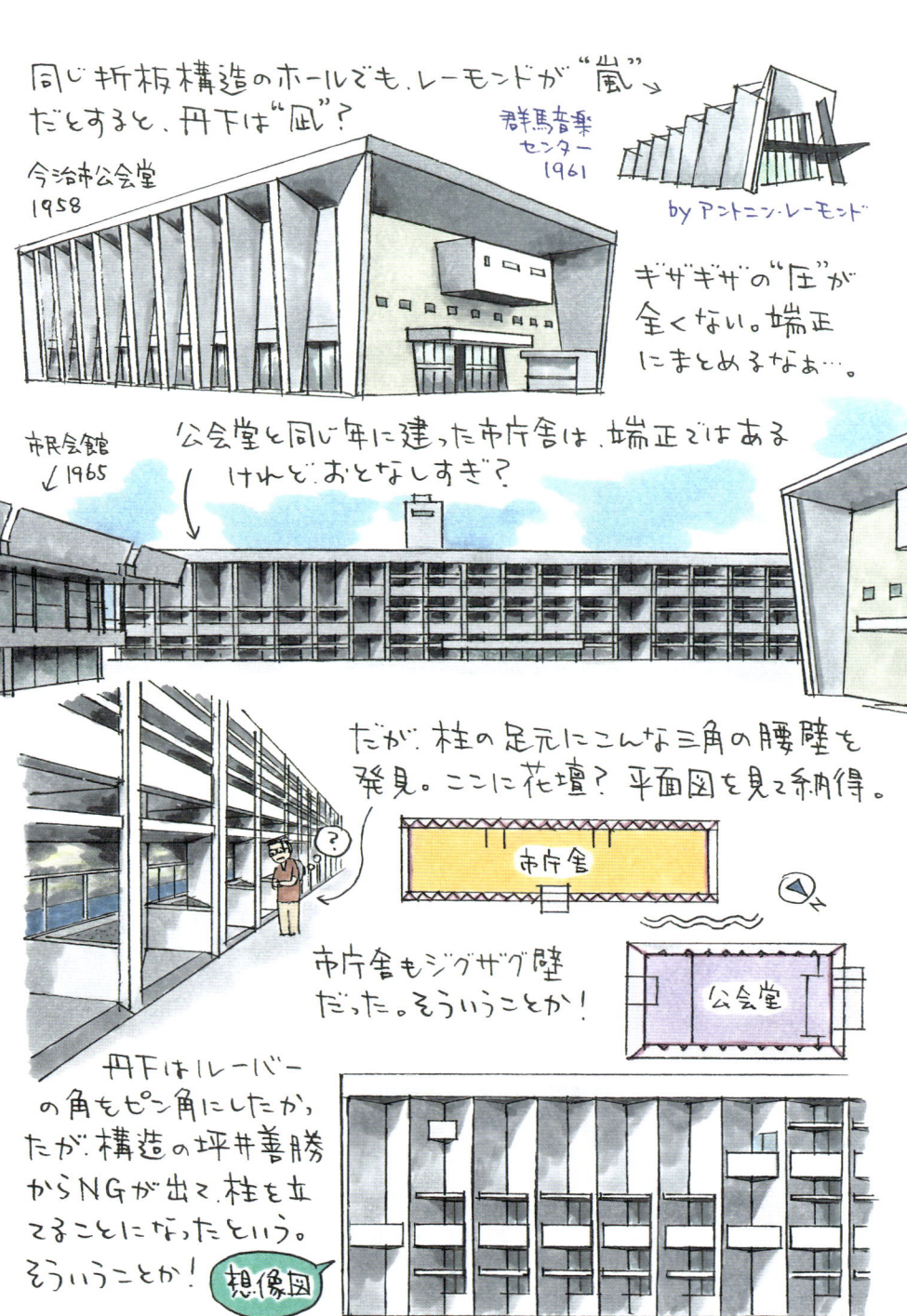

同じ折板構造のホールでも、レーモンドが"嵐"
だとすると、丹下は"凪"？

群馬音楽
センター
1961

今治市公会堂
1958

by アントニン・レーモンド

ギザギザの"圧"が
全くない。端正
にまとめるなぁ…。

市民会館
↙1965

公会堂と同じ年に建った市庁舎は、端正ではある
けれど、おとなしすぎ？

だが、柱の足元にこんな三角の腰壁を
発見。ここに花壇？平面図を見て納得。

市庁舎

公会堂

市庁舎もジグザグ壁
だった。そういうことか！

丹下はルーバー
の角をピン角にしたが、
だが、構造の坪井善勝
からNGが出て、柱を立
てることになったという。
そういうことか！ 想像図

所在地	岡山県倉敷市中央 2-6-1
設計	丹下健三研究室 （1983年の改修設計は浦辺建築事務所）
施工	大林組
構造	鉄筋コンクリート造
階数	地下1階・地上3階
延べ面積	6825.85㎡
竣工	1960年（昭和35年）
交通	JR倉敷駅から徒歩約15分

🔺南側外観。倉敷の実業家・大原総一郎から、街並みを「新しい方向に導いていく」ものを求められたという

　現在の倉敷市立美術館は、1960年に丹下健三の設計で倉敷市庁舎として完成した。倉敷といえば、白壁やなまこ壁が残る伝統的な街並みだ。しかし丹下は1958年に香川県庁舎を完成させ、"コンクリート打ち放しによる日本的な表現"を極めた後。そのためか、「私たちはむしろその痕跡（白壁やなまこ壁）をとどめないようにしようと、努めた」と記し、そのうえで「でき上がった市庁舎には、倉づくりめいた、なにか校倉を思わせるものがある」と述べている。

　丹下自身も言うように、外壁に刻まれたリズミカルな目地は校倉づくりを思わせる。エントランスホールに入ると目地は一定のリズムから解き放たれ、現代アートを思わせる躍動的なものになる。後に美術館になることを予見していたかのようだ。

　新市庁舎の新築移転に伴い、わずか20年で庁舎としての役目を終える。そして、郷土出身の建築家・浦辺鎮太郎の手により1983年、美術館に改修された。2020年には国の登録有形文化財となった。

🔺エントランスホール。ル・コルビュジエの影響が見てとれる

🔺3階の旧議場。この上（屋上）は階段状の展望台になっている

神は目地に宿る――。 この建築を見ると、そんなことを思わずにいられない。現「倉敷市立美術館」、かつての「倉敷市庁舎」(1960)だ。

水平方向の目地は間隔が異なる。描きにくい。でも、美しい！

エントランスホールの壁はもはや目地アート。額縁のような彫り込みは、コルビュジエの影響か。当初の写真(モノクロ)を見ると、こんな鮮やかな色ではなかったよう。うーん、当初の状態が知りたい……。

所在地	東京都豊島区西池袋 3-34-1
設計	丹下健三研究室
施工	清水建設
構造	鉄筋コンクリート造
階数	地下1階・地上3階
延べ面積	3060.2㎡
竣工	1960年（昭和35年）
交通	JR池袋駅から徒歩約7分 （見学は外観のみ）

🔺学生は2階のテラスから建物に入る。左の寄棟屋根が旧図書館（1918年）

　立教大学キャンパス内で最も池袋駅側（東側）に位置するメーザーライブラリー記念館。2棟並ぶうちの東側は、1960年に丹下健三の設計で建てられたもの。西側の旧図書館（1918年）の増築だ。

　これは丹下建築の中でも異色作。まず、外壁の一部にレンガを使っていること。レンガ外壁の旧図書館との調和を図ったためだ。2つの建物はつながっていて、図書館時代は一体利用されていた。

　もう1つは、キャンパス内で明らかに"脇

役"であること。建物が東門のゲートを兼ねており、それをくぐって屋外階段を上ると、入り口に続く大きなテラスがある。夏場はレンガがツタで覆われ、建物であることすらよくわからない。

　丹下が重きを置いたのは屋根。主要部をキャンパスと調和させたうえで、旧図書館の寄棟屋根と対照的な反り屋根を緑の上に浮かせて見せる。さすが丹下。なお、設計者クレジットには顧問として岸田日出刀が、担当者に磯崎新が名を連ねている。

🔺テラスに上る階段。東門を兼ねている

🔺2階の壁の一部はレンガ張り。1997年度以降、段階的に耐震補強を実施した

丹下健三の建築でレンガの仕上げは珍しい。なぜレンガなのか。

理由は簡単で、レンガ造の旧図書館（現·展示館）の拡張計画だったからだ。

東門に架かるブリッジも丹下の設計
↓

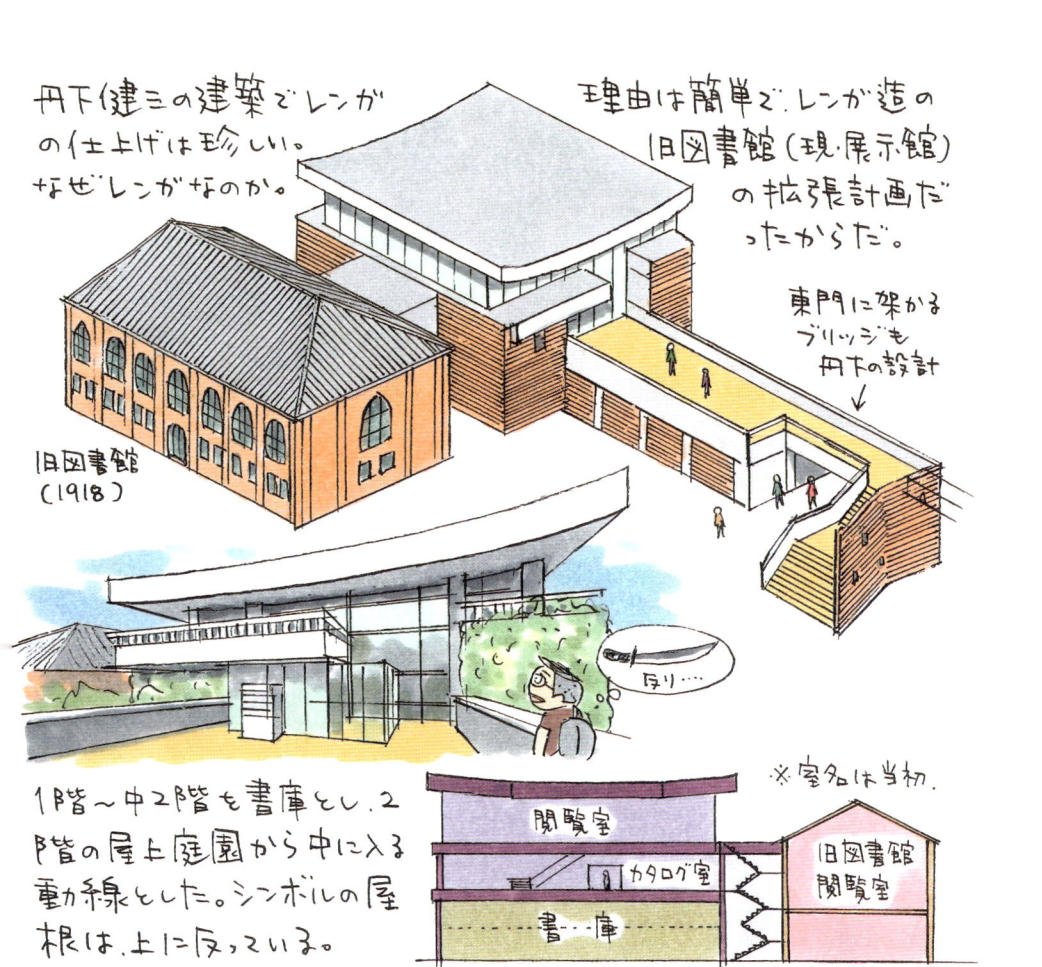

旧図書館
(1918)

タリ……

1階〜中2階を書庫とし、2階の屋上庭園から中に入る動線とした。シンボルの屋根は、上に反っている。

※室名は当初。

閲覧室	
カタログ室	
書　庫	

旧図書館
閲覧室

丹下の"白い"が感じられるのはこの屋根くらい。でも、きっとそれが狙いなのだ。外壁はすっぽりとツタで覆われ、立教通りからは、白い屋根だけが浮かんで見える。モダニズムここにあり！と叫んでいるよう。

なじみつつも、主張

端正さに隠された転調のデザイン

今治信用金庫（現・愛媛信用金庫今治支店）

1960年

東側から見た全景。正面（北西側）から見た外観とは全く異なる印象で、「街のスカイラインをデザインする」
という設計趣旨文の意味がわかる

所在地　愛媛県今治市常盤町
　　　　4-1-15
設計　　丹下健三研究室
施工　　野間工務店
構造　　鉄筋コンクリート造
階数　　地上4階・塔屋1階
延べ面積　1376.90㎡
竣工　　1960年（昭和35年）
交通　　JR今治駅から徒歩約7分
　　　　（ただし見学は外観のみ）

○正面（北西側）から見た外観。もちろん、こちらはこちらで美しい

　丹下健三の出身地である今治市の中心部に、市庁舎（1958年）の2年後に完成した今治信用金庫の本店。丹下の父がかつて経営層だったことから設計が依頼された。現在は愛媛信用金庫今治支店。市役所から徒歩数分なので、併せて訪れたい。

　入り口側（北西側）から見ると、水平に並ぶコンクリートの日よけルーバー（ブリーズソレイユ）の上に、大きな水平屋根が浮かぶ端正なデザイン。だが、竣工時に掲載された『近代建築』1961年9月号を読むと、設計趣旨文はこんな書き出しで始まる。

　「街のスカイラインをデザインする。人間一人一人に個性があるように、街には街の表情がある。（中略）僕らはそのスカイラインに絵を描く」。何が個性なのか不思議に思えるが、東側に回ると意味がわかる。水平屋根の上に、巻貝のようなコンクリートの構造物があるのだ。これは大会議室の上部に設けられた屋上展望台。今も瀬戸内海が見える。

　設計担当者には、磯崎新が名を連ねている。竣工時の雑誌記事を見ると、丹下健三研究室の担当者3人の並び順は「阿久井喜孝、磯崎新、荘司孝衛」。1番年下の磯崎が2番目に書かれているのは、磯崎が果たした役割がそれなりに大きかったからだろう。突如"転調"したような屋上の造形は、磯崎が主導権を握ったと見るのは、想像が過ぎるだろうか。

○3階のテラス。大会議室や食堂（現在は使用せず）などがある

○4階の屋上庭園から塔屋（展望台）を見る。足もとに並ぶ小窓は、3階の大会議室などへの採光窓

今治信用金庫本店（現.愛媛信用金庫今治支店）は以前にも見に来たことがあったのだが、見くびっていた…。正面（西）からだけ見て「コルビュジェ風の立面を丹下らしく洗練させた小品」くらいに思っていた。だが、本質は"上"にあった…。

雑誌『近代建築』1961年9月号の作品紹介（全19ページ）はこんな写真しから始まる。（二川幸夫撮影の写真を模写した）

今でも東側に回ると"上"が見える。

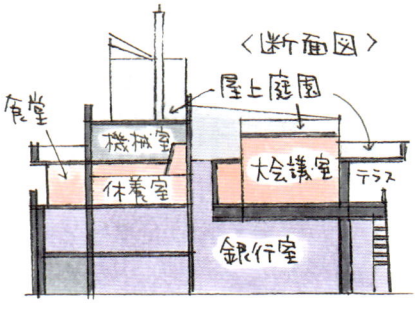

〈断面図〉

食堂
機械室
休養室
屋上庭園
大会議室
テラス
銀行室

3階の大会議室（集会室）や屋上庭園は、市民の文化活動のためにつくられた。

これは丹下健三の"転調造形"の出発点では？

トップライト

N

モダニズムをベースにしながらも、ズレや非幾何学など、意図的な違和感を強調する手法を、筆者は"転調造形"と勝手に呼んでいる。

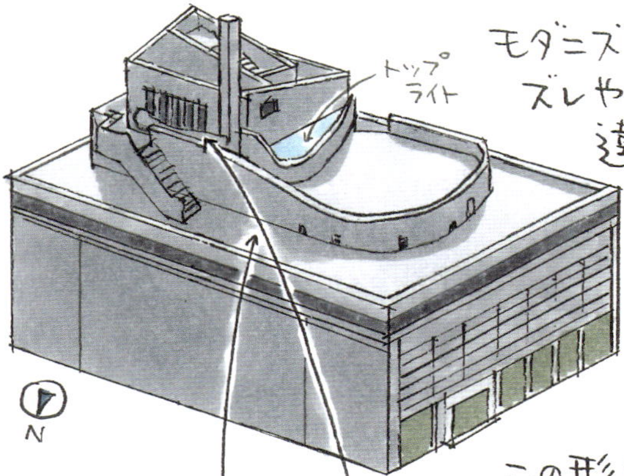

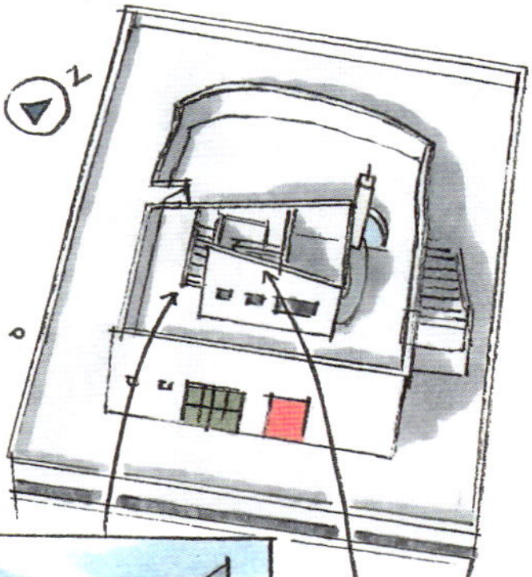

この形はまさに転調。

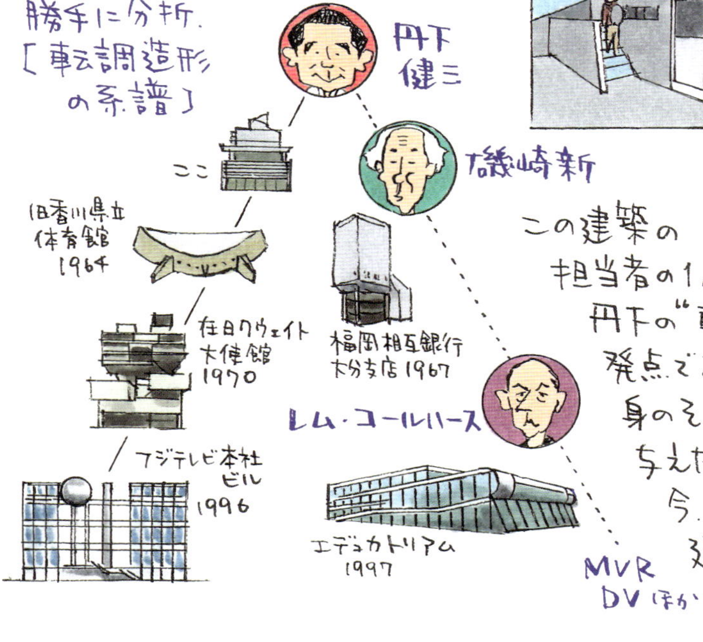

??

おお、

勝手に分析。
[転調造形の系譜]

丹下健三

ここ

旧香川県立体育館 1964

在日クウェイト大使館 1970

フジテレビ本社ビル 1996

磯崎新

福岡相互銀行大分支店 1967

レム・コールハース

エデュカトリアム 1997

MVRDV ほか

この建築の担当者の1人は磯崎新だ。丹下の"転調造形"の出発点であり、かつ磯崎自身のその後にも影響を与えたのでは？ そして今、世界で活躍する建築家の源流？

丹下健三

11

最南端に残る鼓形平面の遺跡

日南市文化センター

1962年

西側外観。竣工時はコンクリート打ち放しだったが、2000年の改修工事で外壁が白く塗装された。
その塗装が劣化し現在の姿になっている

所在地	宮崎県日南市中央通 1-7-1
設計	丹下健三研究室、都市・建築設計研究所
施工	大成建設、高砂熱学工業
構造	鉄筋コンクリート造
階数	地上 2 階
延べ面積	2938 ㎡
竣工	1962 年（昭和 37 年）
交通	JR 日南駅から徒歩約 3 分

⬤東側の公園から見る。左側の山がフライタワーで、右側の山が客席上部

日南市文化センターは丹下健三が九州で設計した唯一の建築だ。こんなにカド張ったデザインも、唯一といってよいだろう。

丹下は竣工時（1962 年）の施設パンフレットにこんな文章を寄せた。「輝く太陽、紺碧の海、峨々たる（そびえ立つの意）岩膚、ここの自然は、私たちの目に、先鋭な形相、鮮明な色調をもって強い印象を与えました。この印象が、日南市文化センターの全体像を決定したように思われます」。そして、傍らに「油津層」の写真を載せた。観光地で知られる「鬼の洗濯板」の地層だ。

具体的なモチーフを明かすのは丹下らしくないともいえるが、ベースにある平面計画の幾何学はいかにも丹下らしい。平面図を見ると、台形を向かい合わせに置き、それを少しずつずらした形になっている。丹下が好んだ「鼓形」を重ねたのだ。鼓形は、広島平和記念公園や国立代々木競技場の配置計画にも登場する。ただ、それらは主に外部空間での話。2 年前に完成した旧倉敷市庁舎（現・倉敷市立美術館）では鼓形を屋上展望台の造形に用いたが、ここまで大々的に立体化したものは他にない。

なお、丹下はそれまで東京大学丹下研究室で設計を行っていたが、1961 年に研究室とは別に都市・建築設計研究所（URTEC）を立ち上げた。そのため、ここでは研究室と URTEC の両方がクレジットされている。

⬤北側外観。開口部の日よけやガーゴイル（彫刻的な雨樋）はル・コルビュジエの影響と思われる

⬤ホール内

「日南市文化センター」は丹下健三の建築の中で国内最南端にある。行きにくいこともあってか話題になることは少ない。が、実に魅力的。

認知度が高くない理由の1つに、雑誌発表時の神代雄一郎（こうじろ）の批判があるように思う。神代は、雨仕舞の悪さや打ち放し仕上げの粗さを挙げ、「深い疑問をもつ」と書いた。

キビシイ…

1922-2000
「巨大建築論争」でも知られる

しかし建築は、長く残ることが"名作"の条件。

1962

この建築もあと40年使い続ければ間違いなく重要文化財となるだろう。

理由1 丹下が好んだ"鼓形"が実際に平面に使われた数少ない建築。

大東亜
建設忠霊
神域計画

2F

舞台

中庭　書庫

1942
（実現せず）

会議室

広島市
平和記念
公園コンペ
案 1949

N

理由2 丹下建築でほぼ唯一の
山型造形。フライタワーや
客席の傾斜が山型のベ
ースになっている。

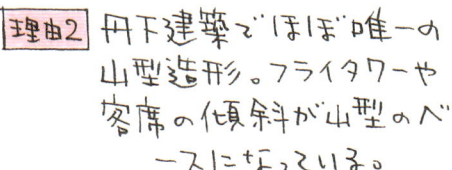

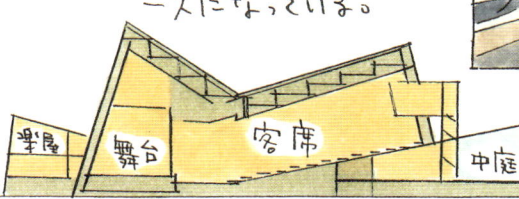

楽屋　舞台　客席　中庭　会議室

▲ ホールの壁にも
山型の掘り込み

理由3 磯崎新のデザインへの影響が感じら
れること。磯崎が『プロセス・プランニング
論』の中で「切断」というキーワードを
挙げたのは　　　　　この頃。

1960

キーワード
切断

1966

◀---- ち見

これは定説ではなく、
筆者の推測。でも、これ
って絶対そうでしょ。

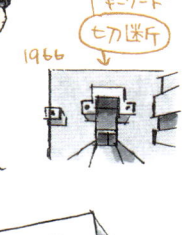

それにしても現状は、外壁
の黒ずみがハンパない。
この形だと、洗浄しても
きっとすぐ汚れる。

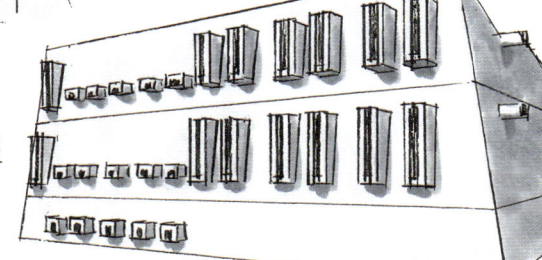

神代の懸念が当たった
わけだが、ここまで汚れ
ると遺跡みたいで
魅力的になる。
(私見)

かっけー！

12

旧香川県立体育館

別メンバーで代々木の吊りと競う

1964年

エントランス部（西側）の見上げ。2024年末現在閉館中。県は解体の方針。2025年2月、SANAAが設計した新体育館（あなぶきアリーナ香川）が高松市サンポートにオープンする（写真：森清）

所在地	香川県高松市福岡町 2-18-26
設計	丹下健三＋都市・建築設計研究所、集団制作建築事務所
施工	清水建設
構造	PC造・一部RC造・吊り屋根構造
階数	地下1階・地上3階
延べ面積	4707㎡
竣工	1964年（昭和39年）
交通	JR高松駅から徒歩約30分

🔺南北方向から見ると、刀剣のような反り。香川県庁舎と同様、金子正則知事時代につくられた

旧香川県立体育館が完成したのは、オリンピック年である1964年。傑作とされる「国立屋内総合競技場（国立代々木競技場）」の設計と並行して、全く異なる大空間建築を考えていたことに驚かされる。

設計は丹下健三＋都市・建築設計研究所（URTEC）と、吉川健らが共同主宰する集団制作建築事務所。吉川は、1953年から60年まで東京大学丹下研究室に在籍し、「墨会館」などを担当。丹下がURTECを立ち上げたのと同じ1961年に事務所を設立した。丹下からの信頼は厚く、香川県立体育館を共同で設計することになった。

構造設計は岡本剛が担当した。岡本はアントニン・レーモンドの事務所で群馬音楽センターなどを担当したことで知られる。丹下が盟友である坪井善勝に構造設計を頼まなかったことからも、あえて違うメンバーで違うものを目指したことがうかがえる。

2重の吊り構造である代々木に対し、香川は吊り構造の屋根がHP（双曲放物面）シェルとなる。客席下部は東西にそり上がっていくダイナミックな形状。屋根の老朽化により、竣工から50年となる2014年に利用を停止した。アリーナ内は、2012年から立ち入り禁止となっていた。丹下都市建築設計（現・TANGE建築都市設計）の改修設計で工事が計画されていたが、3度にわたる入札不調を経て、県は工事中止を決定。解体の方針だ（2024年末現在）。

🔺日南市文化センターでも見られたガーゴイルがここでは南北に1本、池に向かって突き出す（写真：森清）

🔺エントランス。ちなみに共同設計者の吉川健は、1970年大阪万博で「太陽の塔」の設計もサポートした

1964年は、丹下健三の"ビッグバン"の年だ。「国立屋内総合競技場」※1や「東京カテドラル聖マリア大聖堂」※2に先駆けて、1964年7月に完成したのが「香川県立体育館」。

※1：9月竣工
※2：12月竣工

1964

転調系

地元では「船の体育館」と呼ばれている。確かに和船。だがモダニスト・丹下は、そんな説明は一言もしていない。

心の中できっと思っていたと思うが、公式な説明文では「観客のスムーズな出入り」や「構造・設備の一体化」を目指した、とする。

吊り

《構造のイメージ》

吊り構造の屋根（HPシェル）

レンズ形の縁梁 →

客席を支える格子梁 →

はらみを防ぐ地中梁

とはいえ、どう見てもモダニズムの系譜からは外れている。

◀ まるで巨大な生物。

▼ 巨大なきゅうす？

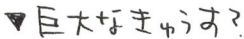

大魔神!?▶

丹下の歴史を考える上で重要な"異色の傑作"。だが弱点が2つあった。1つは、天井の中央部分が低い構造のため、バレーボールなどの公式大会ができないこと。もう1つは、吊り屋根とコンクリート部の"力のバランス"が絶妙すぎたこと。建設会社が補強工事に二の足を踏み、入札中止に。県は解体の方針だ。

でも、きっとまだできることはある!!

金字塔となった「二重の吊り」

国立屋内総合競技場

（現・国立代々木競技場）

1964年

第一体育館。丹下健三がこだわったサブの吊り材の
カーブは、川口衛のアイデアで実現された。2019
年の耐震補強工事を経て、2021年に国の重要文化
財に指定された。世界遺産登録を目指す動きもある
（写真：長井美暁）

● 第一体育館の外観（写真：長井美暁）

所在地	東京都渋谷区神南 2-1-1
設計	丹下健三＋都市・建築研究所、丹下健三研究室
施工	清水建設（第一体育館）、大林組（第二体育館）、
構造	RC 造、SC 造、高張力ケーブルおよび鋼による吊り屋根構造
階数	地下 2 階・地上 2 階（第一体育館）、地下 1 階・地上 1 階（第二体育館）
延べ面積	3 万 4204 ㎡
竣工	1964 年（昭和 39 年）
交通	JR 原宿駅から徒歩約 5 分

　日本の現代建築の先進性を世界に印象付けた建築である。これを見て、建築の道に進んだという建築家も多く、20 世紀日本建築の金字塔といってよいだろう。

　「国立屋内総合競技場」（現・国立代々木競技場）は前東京五輪のために、1964 年に建設された。施設は大小 2 つの体育館から成る。大きい方の第一体育館で丹下健三が考えたのは、メインの吊り材からサブの吊り材を吊る「二重の吊り構造」。建築では世界初のアイデアだ。しかも、サブの吊り材が懸垂曲線ではない。メインケーブルの近くが急こう配で、中央付近で突然緩くなる。丹下はこの形に強くこだわった。

　設計段階では網状に張ったロープの上を鉄の補強リブで押さえつける計画だった。しかし、現場（施工者は清水建設）からは「製作困難」との声が挙がっていた。突破口を切り開いたのは、坪井善勝の下で構造設計を担当していた若手の川口衞。サブの吊り材をロープではなく、鉄骨でつくってはどうかというアイデアを出し、採用された。

　第一体育館では制振構造も使われた。吊り屋根が風の影響を受けやすいことを考慮して、主柱とメインケーブルをつなぐ部分にオイルダンパーを取り付けた。オイルダンパーを制振装置として用いたのも、建築では初めてのこと。初づくしの技術により、奇跡の建築は出来上がった。

● 第二体育館の内部。吊り構造による生物的な曲面。決して第一体育館のおまけではない

日本の戦後建築で最も「世界遺産」に近い建築である。

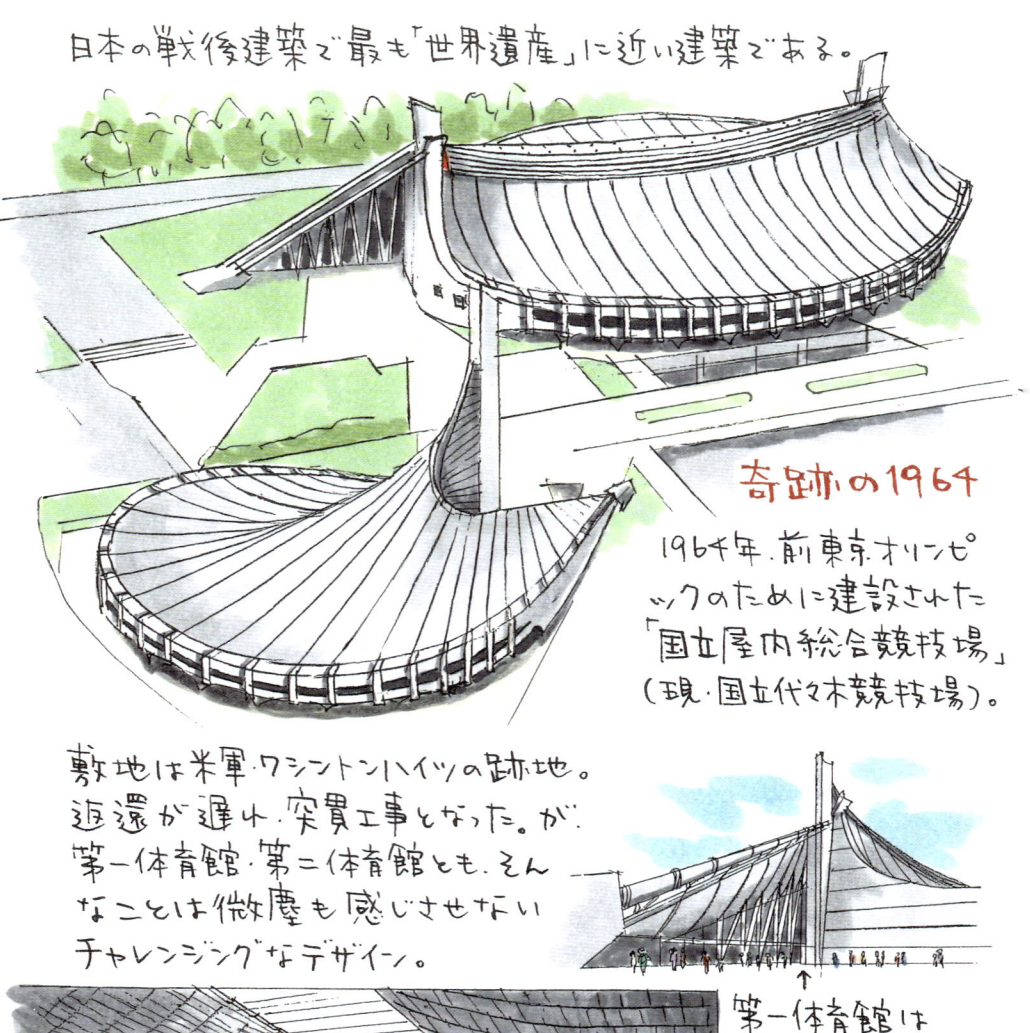

奇跡の1964

1964年.前東京オリンピックのために建設された「国立屋内総合競技場」（現・国立代々木競技場）。

敷地は米軍・ワシントンハイツの跡地。返還が遅れ.突貫工事となった。が.第一体育館・第二体育館とも.そんなことは微塵も感じさせないチャレンジングなデザイン。

第一体育館は水泳競技場としてつくられた。

飛び込み台→もかっこよかった。（2002年に撤去）

技術面のポイントは、世界初の"二重の吊り構造"であること。

塔

カブの別材　メインケーブル

アンカー

6歳上の構造家、坪井善勝とともに、これを実現した。
1907
~1990

1913~2005

丹下が建築家を志すきっかけとなった、ル・コルビュジエの「ソヴィエト・パレス案」のオマージュともとれる。

吊り構造!!

1932
(実現せず)

吊り橋に仏ているがちょっと違う。

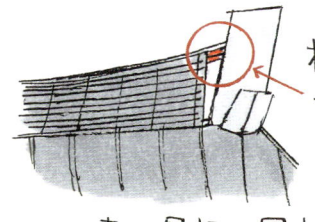

〈施工中〉

丹下が求めた屋根のラインは、通常のケーブルによる吊り方では成り立たないことがわかり、別材を鉄骨に変更した。「セミ・リジッド」と呼ばれるこの仕組みは、坪井の下で、若き日の川口衛が考案した。

1932
~2019

構造面では、ここにも注目。

これは軽い屋根の風対策のための制振装置。実現のカギとなる部位だという理由で丹下は赤く塗った。

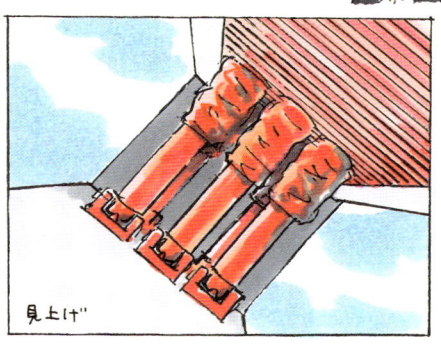

見上げ

代々木競技場のイラストが2ページでは足りない……。
白状すると、筆者は第一体育館より第二体育館の方が好きなのだ。

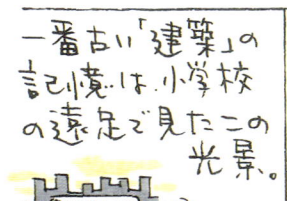
一番古い「建築」の記憶は、小学校の遠足で見たこの光景。

リクリのバス

うぉっ

そのシルエットは、小学生にも "力の流れ" を感じさせた。

カッコイイ

宇宙基地

原宿駅方向からは見えづらいけれど、ぜひぐるっと回って見てほしい。そして、機会があれば中も見てみたい。

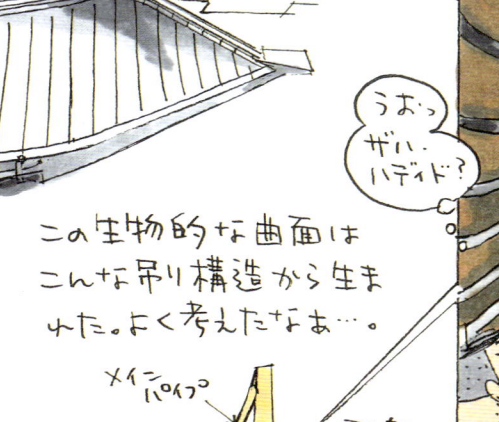

うおっ
ザハ・ハディド？

この生物的な曲面はこんな吊り構造から生まれた。よく考えたなぁ…。

メインパイプ

吊り材

アンカー

座る席によって天井の見え方が全く違う。あちこち歩きたくなる。

第一.第二とも.現代的でありながら「日本的」と評される。

（例）唐招提寺.
金堂

理由の1つは.屋根の曲面が
伝統木造の「反り」を
連想させるからだろう。

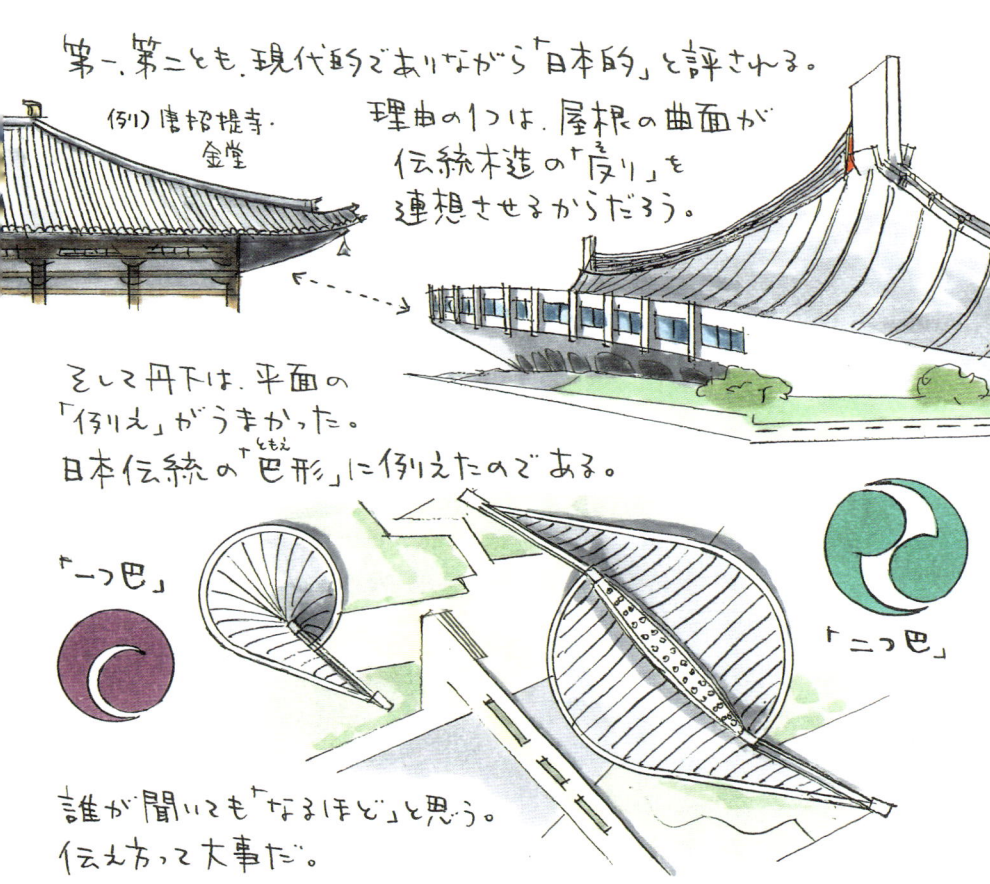

そして丹下は.平面の
「例え」がうまかった。
日本伝統の「巴形」に例えたのである。

「一つ巴」

「二つ巴」

誰が聞いても「なるほど」と思う。
伝え方って大事だ。

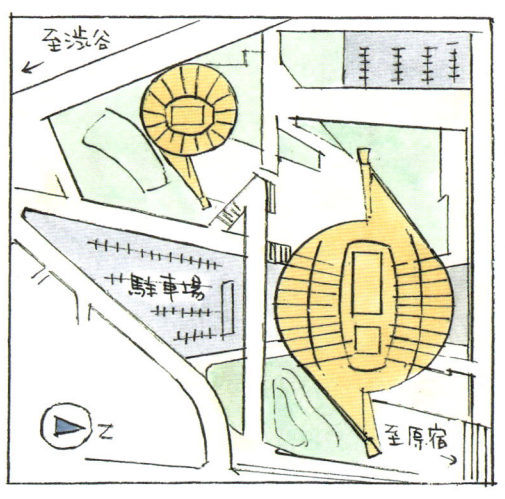

至渋谷 →

駐車場

← 至原宿

N

そして.丹下ファンは.このことも
知っておきたい。ランドスケープ
に.丹下の好きな"鼓形"
が隠されているのだ。

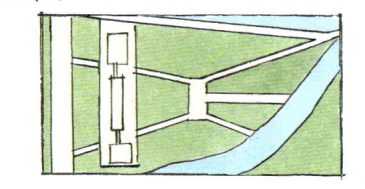

広島平和記念公園と見くらべる
と.広がりの角度もほぼ同じ！

東京カテドラル聖マリア大聖堂

8枚のHPシェルが描く十字架

1964年

南西側から見た外観。ステンレスの折板がこれほど美しく見える建築は他にないのではないか

◆北側外観。右の鐘楼も丹下の設計

所在地 東京都文京区関口
3-16-15

設計 丹下健三＋都市・建築設
計研究所

施工 大成建設

構造 鉄筋コンクリート造

階数 地下1階・地上2階

延べ面積 3649㎡

竣工 1964年（昭和39年）

交通 東京メトロ・江戸川橋駅か
ら徒歩約15分

　東京カテドラル聖マリア大聖堂は、前東京五輪が閉幕した後の1964年12月に完成した。場所は地下鉄の江戸川橋駅から神田川を渡り、目白坂を登り切った辺り。この地に無原罪の聖母聖堂が建てられたのは1899年。1920年に東京カテドラルとなったが、1945年の戦災で焼失。以後20年以上、再建されないままだった。

　ドイツ・ケルン大司教の支援を受けて再建がスタート。1961年に前川國男、谷口吉郎、丹下健三の3人を指名して設計コンペが実施された。箱型の前川案と谷口案に対して、異彩を放つ丹下案が当選した。

　提出した案はほぼ現状の形だったが、検討途中では貝殻のようなシェルが重なる案だった。明らかにウッツォンのシドニー・オペラ・ハウスを想起させるもの（同施設の公開コンペは1956年）。そこで満足していたら今の評価はなかっただろう。

　丹下は後にこう語った。「構造の面白さだけでこの建築をとらえられたくはなかった。宗教的な崇高さ、荘厳さを漂わせるような空間にしなければと思った」。検討の末、8枚のHP（双曲放物面）シェルによって、上部に光の十字架を浮き上がらせる案へと昇華する。「もし私が敬虔なカトリック信者なら怖くてできなかったかもしれない」とも言う。構造設計は坪井善勝が担当した。

　丹下は当時カトリック信者でなかったが、後に洗礼を受け、今はこの教会に眠る。

◆十字架形のトップライト

◆祭壇の背後は、いわゆるステンドグラスではなく、大理石を薄くスライスしたもの

もし現代の建築が遺跡となって数千年後に発掘され
たら、その知性の高さに最も驚かれる
のではないかと思うのが
この建築だ。東京・目白の
「東京カテドラル聖
マリア大聖堂」。

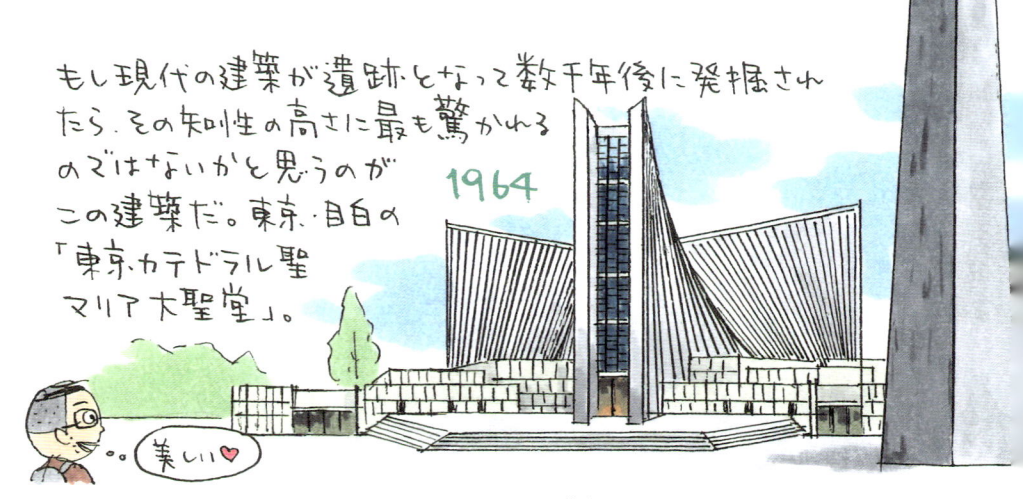

1964

美しい♡

丹下健三のビッグバン・イヤーのトリを飾って、1964年12月に竣工。

《東京カテドラルのデザイン・ロジック》

①ベースは盾のような四角形　②各辺に2枚ずつ、
HPシェルのねじれ
た壁を立てていく。

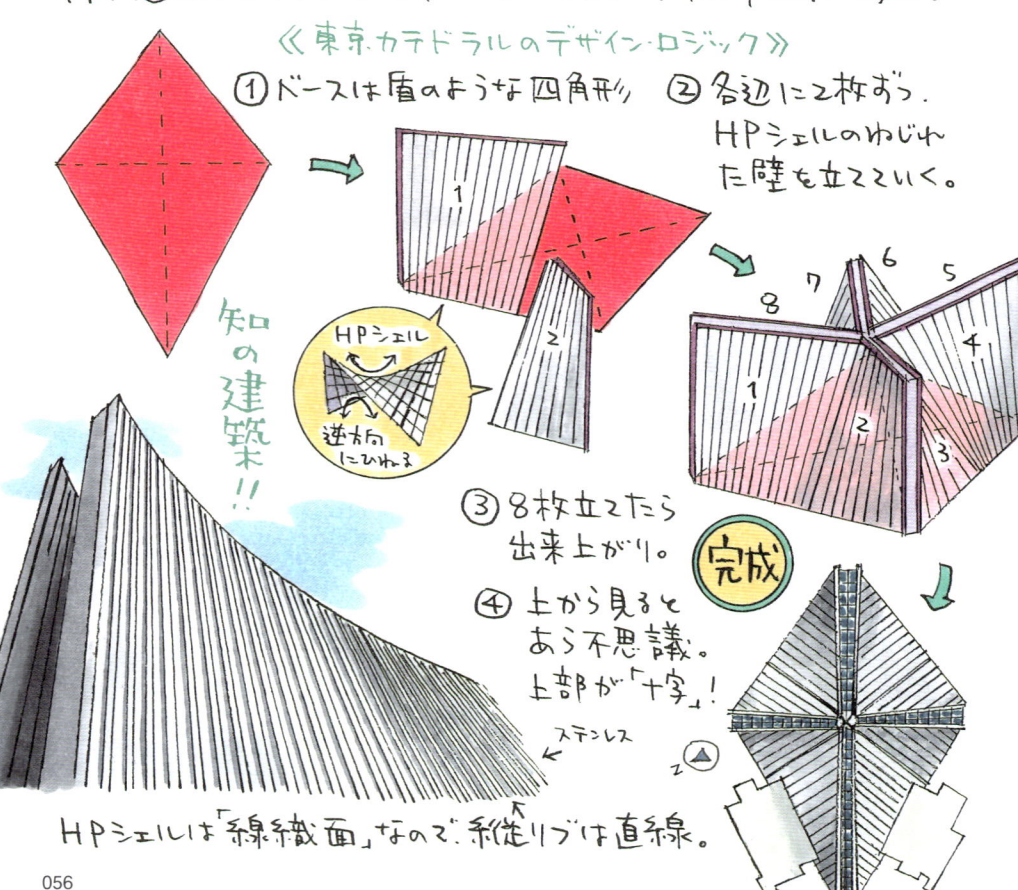

知の建築!!

HPシェル

逆方向にひねる

③8枚立てたら
出来上がり。

完成

④上から見ると
あら不思議。
上部が「十字」!

ステンレス

HPシェルは「線織面」なので、糸状リブは直線。

なぜ上部が十字なのか。
室内から見上げると暗が
リの中に光の十字架が
浮かび上がるからだ。

1961（スタディ案）

実は、コンペ案の検討途中ではこんな
シドニー・オペラハウスのような案だっ
た。一体どんなブレークスルーが？

2005年3月、丹下の葬儀はここで行われた。弔辞を読んだのは磯崎新。

（190ページ参照）

◀光のハシゴに
導かれて云魂
は天国へ。

地下の納骨堂
もモダン。▶

南側の甲府市歴史公園から見た全景。三内丸山遺跡（青森県）の掘立柱建物を思わせる力強い造形

15

成長を実現させた"縄文"的円柱

山梨文化会館

1966年

所在地	山梨県甲府市北口 2-6-10
設計	丹下健三＋都市・建築設計研究所
施工	住友建設
構造	鉄骨鉄筋コンクリート造
階数	地下2階・地上8階
延べ面積	2万1883.51㎡（竣工時1万8085㎡）
竣工	1966年（昭和41年）
交通	JR甲府駅から徒歩3分（見学は火・水・木曜のみ※）

△ 東側から見た全景。空隙は1974年の増築で減ったが、それでも4階を中心に今も残る

「山梨文化会館」は、JR甲府駅北口に立つ山梨日日新聞社・山梨放送グループの拠点だ。山梨日日新聞社、山梨放送、又新社（現サンニチ印刷）の総合社屋として計画され、丹下健三の設計で1966年に完成した。地下2階・地上8階。直径5mの16本の円柱が床スラブを支え、外からもわかる空隙がある。円柱は、中がエレベーターやらせん階段、トイレや空調設備などに充てられた。大きな空隙は、将来増床することが可能という想定で設けられた余白だ。

この構造は、「建築設計は小さな都市づくりであり、都市設計は大きな建築設計」という丹下の持論を具現化したもので、「築地計画」（未完）と並行して計画された。竣工8年後の1974年に大規模な増築を実施。その後も増築があり、延べ面積は当初の1万8085㎡から約3800㎡も増えた。

1960年代には菊竹清訓や黒川紀章らにより、建築を生物のように成長するものとして捉える「メタボリズム」という思想が世界に発信された。丹下はメタボリズムのメンバーではないが、これほどその思想を体現した建築は他にないともいえる。

※ 見学は要予約 ・ https://www.sannichi-ybs.co.jp/

2016年に丹下建築としては初の免震改修が実施された。免震改修の設計は丹下都市建築設計（現 TANGE 建築都市設計）が担当。改修施工は、元施工の住友建設が担当した。民間による免震保存は珍しく、それも含めて世界に誇れる建築だ。

△ 4階の屋上庭園から東側の空隙を見上げる

△ 円柱の中にあるらせん階段を見下ろす

白井晟一の"縄文"に対し、"弥生"と位置付けられた丹下健三。
1905-83

でも、その分類って
ちょっと強引では？

縄文

←これって、どう見
ても"縄文"
でしょう…。

弥生

ザ・縄文！
三内丸山遺跡

16本の円柱に床が突き刺さるように
架かる山梨文化会館。ちなみに、三内丸山遺跡の掘立柱建物
が復元されたのは1990年代。偶然のシンクロか、縄文のDNAか？

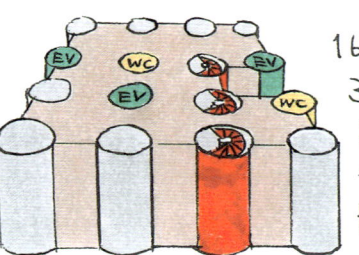

16本の円柱のうち、
3本は階段、
3本はエレベー
ター、残りは
トイレや配管。

1974

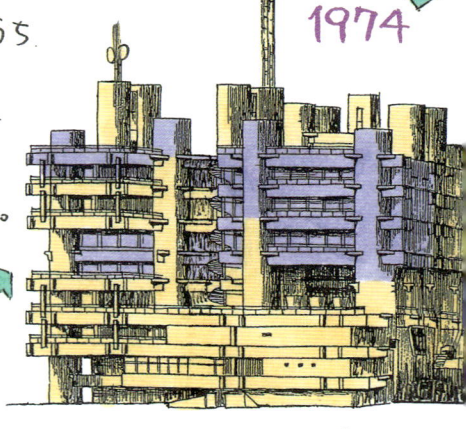

1966

将来の増床を想定した空隙
に、8年後の1974年、実際に
増床された。外から見えない
部分では2005年にも増床。

そして、2016年には建物全体を免震化。「丹下建築を100年後に伝える」という意気に涙。

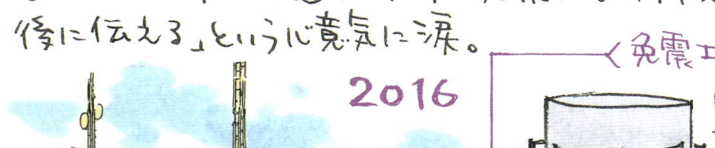

2016

〈 免震工事手順 〉

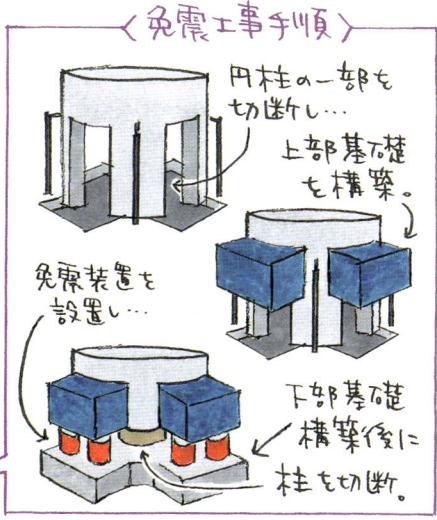

円柱の一部を切断し…

上部基礎を構築。

免震装置を設置し…

下部基礎構築後に柱を切断。

さらに涙が出るのは、見学ツアー（無料・予約制）の充実ぶり。

うぉっ

←屋上も、4階の中空部分も、らせん階段（円柱内）も見られる。

なるほど！

これが…

こっも！

免震層まで！しかも説明用の端末→を貸与。

1966 1974

丹下ファンならずとも体験すべし。

△円形のコア（直径7.7m）を足下から見上げる

所在地	東京都中央区銀座8-3-7
設計	丹下健三＋都市・建築設計研究所
施工	大成建設
構造	鉄骨造、鉄骨鉄筋コンクリート造
階数	地下1階・地上12階・搭屋3階
延べ面積	1493.10㎡
竣工	1967年（昭和42年）
交通	JR新橋駅から徒歩2分（見学は外観のみ）

「静岡新聞・静岡放送東京支社」は「山梨文化会館」の翌年に完成した。建築主の静岡新聞社と静岡放送（SBS）のほか、山梨日日新聞社や山梨放送がテナントとして入っている。

竣工当時の設計趣旨文にはこう書かれている。「（これまでも）コア・シャフトを考え、コミュニケーションの3次元的広がりの立体格子を視覚化するという提案を行ってきた。（中略）1本のシャフトによっても、そのシンボリックな性格を持つロケーショ

ンと相まって成り立ちうるのではないか」──。意訳すると、「山梨文化会館で実現したコア・シャフトは、この敷地だったら1本だって可視化できちゃうぜ！」ということになるだろうか。

山梨文化会館では2016年に免震改修を実施したが、こちらは敷地に余裕がなく、免震のクリアランス（可動域）が確保できない。そのため2022年に、中央の円形コア（鉄骨鉄筋コンクリート造）の内側を補強。現在の基準に適う耐震性を確保した。

△事務室内。天井はコアから離れるにつれて微妙に高くなっていく

△新橋駅前の交差点（南側）から見た全景

この規模でこれほどインパクトのあるオフィスビルは他にないのでは？この形のまま残っていることが奇跡。

前年(1966年)に完成した山梨文化会館のコア・システム(計16本)を、1体のコアごより明快に表現した。当時は周囲よりひときわ高く、さらにインパクトがあった。

事務室
トイレ
EVホール
トイレ
事務室

オフィス内でも▶コアが見える。

よく見ると、各階のスラブがコアから遠くなるほど薄くなっている。なので、オフィスのブラインドは、場所によって長さが異なる。ひえー。スラブの根元のロボティックなディテールもかっこ良すぎる！！

17

戦没学徒記念館

（現・戦没学徒記念 若人の広場）

外観を消した幻の丹下建築

1967年

管理棟の内部。地面に埋まるよう
な形でコンクリートのボールト
（アーチを伸ばした曲面）が連なる

◕ 管理棟の屋上から記念塔に向けて石垣に囲まれた屋上が続く

所在地 兵庫県南あわじ市阿万
塩屋町 2658- 7
設計 丹下健三＋都市・建築設
計研究所
(改修設計 丹下都市建築設計)
施工 大林組
構造 RC 造・一部 SRC 造（管
理棟）、RC 造（記念塔）
階数 地上 2 階
延べ面積 726.48 ㎡
竣工 1967 年 (昭和 42 年)、
改修 2015 年(平成 27 年)
交通 淡路島南 IC から車で約
20 分

淡路島の南端に 1967 年、丹下健三の設計による「戦没学徒記念館」が完成した。財団法人動員学徒護護会が建設した。

丹下はこの建築を建築専門誌で発表しなかった。作品リストにすら載せなかった。建築としてのクオリティーは高く、伏せたいプロジェクトには思えない。丹下の右腕だった神谷宏治が後に語ったところによれば、竣工式典に右翼系の政治家が参加することを知った丹下が参加を拒否。その流れで雑誌発表もされなかったという。両親を戦時下に失った丹下の平和に対する意識が伝わるエピソードだ。

次第に入館者が減少し、94 年に閉鎖。その後は長く廃墟状態となっていた。2002 年に藤森照信・丹下健三共著による書籍『丹下健三』（新建築社）に掲載され、建築界で知られるようになった。南あわじ市が施設を買い取り、再整備。2015 年に「若人の広場公園」となった。

香川県産の庵治石（花こう岩）を用いた石積みの壁が丹下建築では珍しい。改修前は傷みが激しかったため、取り外して積み直した。改修設計は丹下都市建築設計（現・

TANGE 建築都市設計）が担当した。

管理棟と呼ばれる建物には、動員学徒遺品の展示や、パネル展示などがされている。平面に対して斜めに架かるコンクリートのボールトが印象的だ。外階段で屋上へ上がると、瀬戸内海を 360 度見渡せる。

◕ ボールトの方向は平面に対して斜めに振られている

◕ ねじれたコンクート面の記念塔

「戦没学徒記念 若人の広場」は1967年に建設された。
だが雑誌発表されず、21世紀に入るまで
丹下建築と認識されていなかった。
しかしこれは、丹下の十指
に入る傑作だと思う。

メリロも
控えめ…

1つには、「外観」がないこと。

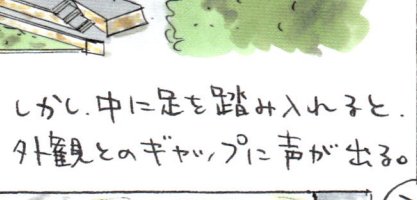

丹下らしい彫刻的な外観
を期待して行くと「え」と思
うだろう。外から見えるのは、石垣
のような外壁と、北の端の塔のみ。

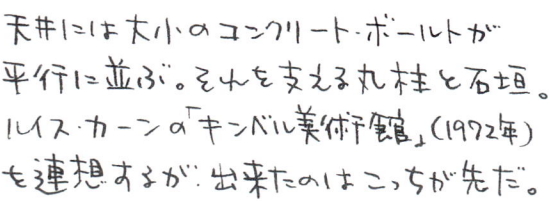

しかし、中に足を踏み入れると、
外観とのギャップに声が出る。

うおっ

天井には大小のコンクリート・ボールトが
平行に並ぶ。それを支える丸柱と石垣。
ルイス・カーンの「キンベル美術館」(1972年)
を連想するが、出来たのはこっちが先だ。

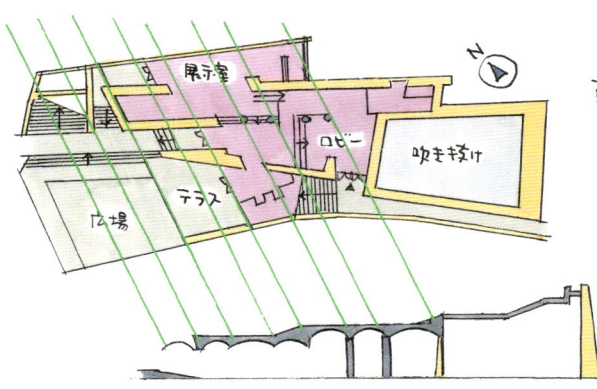

この室内は描くのがとても難しい。なぜなら、ボールトの方向が平面に対して斜めに振られているからだ。

つまり、床と天井がずれている。磯崎新よりも早くこんなことを……。

屋上広場が広い。全方位が見渡せる。"展望台好き"の丹下が海の間近でつくるとこうなるのか。

全部が屋上庭園…。

記念塔は、コンクリートのHPシェル。

ゆじゃ面…

内側から見るとこんな→

体感ではわからないけど、平面図を見ると、これは…。そう、鼓形!!

南側の園庭から見る。放射状かつ段状に
広がる建物に見守られているよう

所在地	東京都世田谷区砧 7-15-14
設計	丹下健三＋都市・建築設計研究所
施工	大成建設
構造	RC造・ポストテンション方式PSコンクリート造
階数	地下1階・地上2階
延べ面積	1050.5㎡
竣工	1967年（昭和42年）
交通	小田急小田原線・成城学園前駅もしくは祖師ヶ谷大蔵から徒歩約10分※

○特徴的なプレキャストコンクリートの庇。丹下の建築でこうした表現は珍しい

　ゆかり文化幼稚園は東京都世田谷区の住宅街にある。丹下健三の設計による現在の建物は、前東京オリンピックと前大阪万博の間の1967年に完成した。

　同園は終戦から間もない1947年に創設された。初代園長は作曲家の弘田龍太郎。丹下に設計を依頼したのは、創設の中心になった二代目園長の藤田復生だ。画家でもある藤田が抱いていた理想的な幼稚園教育の夢に丹下が共鳴。1年以上にわたる話し合いのうえで、設計にとりかかったという。「こどもの城」をテーマに設計した建物は、南側の庭を中心として放射状に広がる。敷地が傾斜しているため、外側に向かって段々と高くなる断面構成だ。天井と庇は、ポストテンションによるプレキャストコンクリートの曲面板。これを扇形に並べることで、コンクリートの威圧感を和らげる。それとともに、「自然」と子どもの動きを調和させることを意図した。

　構造設計は、坪井善勝の下で国立代々木競技場を担当した川口衞が、自らの事務所を立ち上げて担当した。

　1984年に、丹下の構想に基づき第2期工事を実施（設計は大成建設）。2016年から3カ年をかけて耐震補強工事を行った。使用されなくなっていた煙突が撤去されたが、それ以外はほぼ完璧に残っている。

　ちなみに園名の「ゆかり」は藤田復生の「藤＝ゆかり花」と「縁」をかけている。

○西側から見る

○教室内も躍動感がある

※見学は要予約→ https://yukaribunka.ed.jp/

CADのない時代によくこんな図面が描けたなあ…。
つくった建設会社にも、使い続けている園の方にも拍手。

（包まれ感）

この「ゆかり文化幼稚園」は、丹下建築の中でも2つの点でレア。

広島子供の家
（1953. 現存せず）

① 子どものための建築であること。

「丹下×子ども」でまず思い出すのは、
戦後間もない1953年に完成した
「広島子供の家」。これは構造が朝顔
形。子どもにもわかりやすい。

ゆかり文化幼稚園もどこか植物的だ。

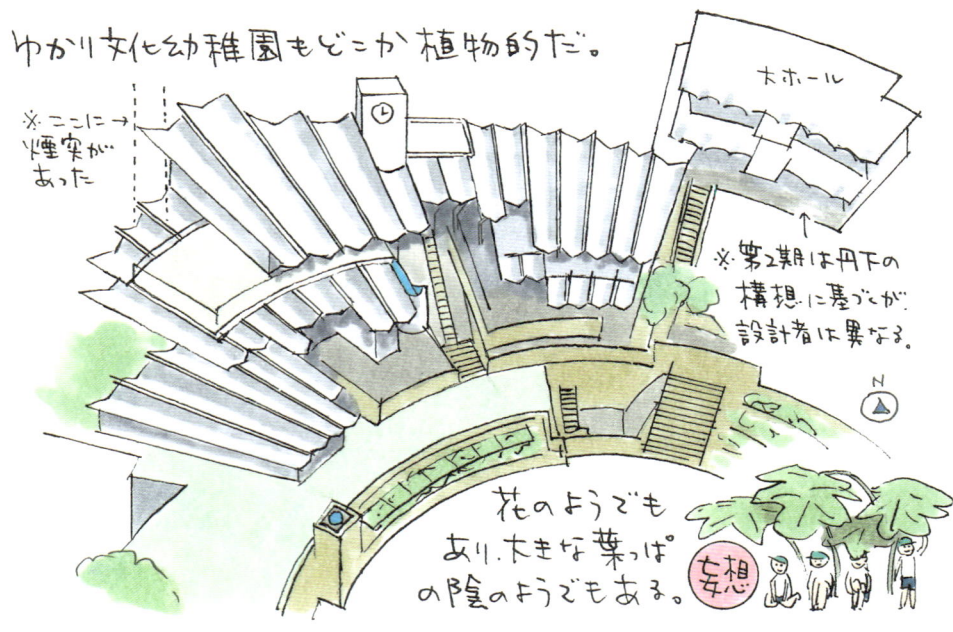

※ ここに→煙突があった

大ホール

※ 第2期は丹下の構想に基づくが、設計者は異なる。

N

花のようでも
あり、大きな葉っぱ
の陰のようでもある。

（妄想）

◀ 安藤忠雄のような迷路性も。

建て具が木製で優しい。これで50年以上もっているのは深い軒のため？

② プレキャストコンクリートを用いたこと。

翌年に大高正人が「千葉県立中央図書館」を完成させるなど、プレキャストコンクリートが注目を集めていた時期。

千葉県立中央図書館
1968

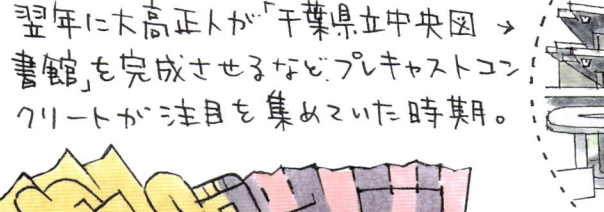

Z

★ 中心

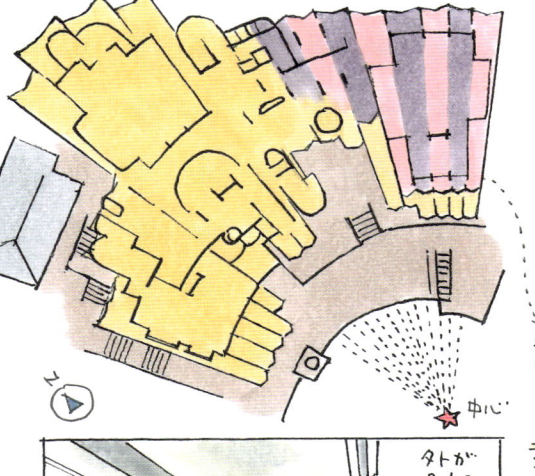

外が見える

V

丹下は平行に部材を並べるのは面白くないと思ったのだろう。
台形平面のアーチも放射状に並べるという奇策に出た。

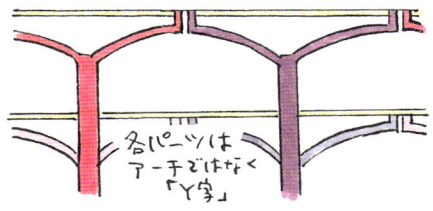

各パーツはアーチではなく「Y字」

◀ 外から見てもかっこいいけど、室内がリズミカルで楽しい。
丹下の内部空間ベスト5に入る！

所在地	大阪府吹田市千里万博公園 1-1
設計	丹下健三・神谷宏治・福田朝生・上田篤・磯崎新・黒川紀章
施工	大林組・竹中工務店・藤田組 JV
構造	鉄骨造
竣工	1970 年（昭和 45 年）
交通	大阪モノレール・万博記念公園駅下車

☁「太陽の塔」の背中側に残る「お祭り広場大屋根」の一部

　1970 年の大阪万博（日本万国博覧会）で丹下健三は基幹施設プロデューサーを務めた。「お祭り広場」は、万博の開閉会式のほかさまざまな催しを日替わりで行うイベント空間で、幅 108m、長さ約 300m の「大屋根」で覆われた。屋根面は透過性の二重膜で、光が差し込んだ。

　設計は丹下健三を中心とし、京都大学の上田篤のほか、神谷宏治、磯崎新、黒川紀章ら東京大学丹下研究室の面々による混成チームで進められた。磯崎新は可動式の舞台・客席や、ロボット型の演出装置、「デメ」と「デク」を設計した（116 ページ参照）。

　シンボルとなった「太陽の塔」は万博のテーマ館の 1 つで、高さ 70m の塔がお祭り広場の大屋根を突き破る形でつくられた。プロデューサーを務めた岡本太郎によるデザインを基に、丹下研究室出身の吉川健（45 ページ参照）らが設計に参加し、実現した。

　大屋根は 1977 年に解体され、現在は骨組みの一部だけが残っている。一方の太陽の塔は公園内に立ち続け、2018 年からは内部の展示も見られるようになっている。

☁鋳鋼を用いたボールジョイントを見る。構造設計は川口衞が中心となった

万博記念公園に「太陽の塔」が残っていることは知っていても、「お祭り広場大屋根」が残っていることも知る人は少ない。

太陽 の塔 →

太陽の塔の背中の方に、スペースフレームが一部残っているのである。

構造は坪井善勝と川口衛。

高さが低くなっているので、技術面の肝であるボールジョイントが見やすい。

直径80cmの鋼製中空球

望むらくは、屋根の二重膜もいつか再現してほしい!

当時

薄膜のポリスチレンフィルム（上部はハーフミラー）

10m

空気

いや、ぜい沢は言うまい。これがあることで当時がリアルに想像できる。

残してくれた人、ありがとう!

このへん

世界を見ても "空中遺構" は珍しいのでは?

2本のコアにまといつく立体庭園
在日クウェイト大使館（駐日クウェート国大使館）

1970年

所在地	東京都港区三田4-13-12
設計	丹下健三＋都市・建築設計研究所
施工	鹿島建設
構造	鉄骨鉄筋コンクリート造
階数	地下2階・地上7階・塔屋2階
延べ面積	4137㎡
竣工	1970年（昭和45年）
交通	JR田町駅から徒歩約10分

◔南側から見た外観。北側には普連土学園の校舎や校庭が広がる

　大阪万博と同じ年（1970年）に、丹下健三はこんな手の込んだ小品をつくっていたのかと驚かされる駐日クウェート国大使館（作品録では在日クウェイト大使館と表記）。丹下は70年代にいくつかの駐日大使館を設計しているが、その先陣を切ったプロジェクトでもある。また丹下は1979年にクウェイト国際空港を完成させており、70年代以降、海外に設計活動の軸足をシフトさせていく。

　2本のコアシャフトを中心に、下部に大使館の執務空間、上部にホールと大使公邸が隙間を空けながら積層されている。設計趣旨文には、「私たちはアラブの歴史的な建築に学んで、立体化されたコートヤードを囲んだ建築を現代の技術をもって実現したいと思った」と書かれている。

　7階の大屋根の上に、物見台のような飛び出した部分がある。外観を特徴付ける部分だが、建築概要を見ると「地下2階・地上7階・塔屋2階」とあるので、居室ではなく塔屋扱いのようだ。この部分の詳細は竣工当時の記事にもなく、どうなっているのかいつか見てみたい。

◔正面外観

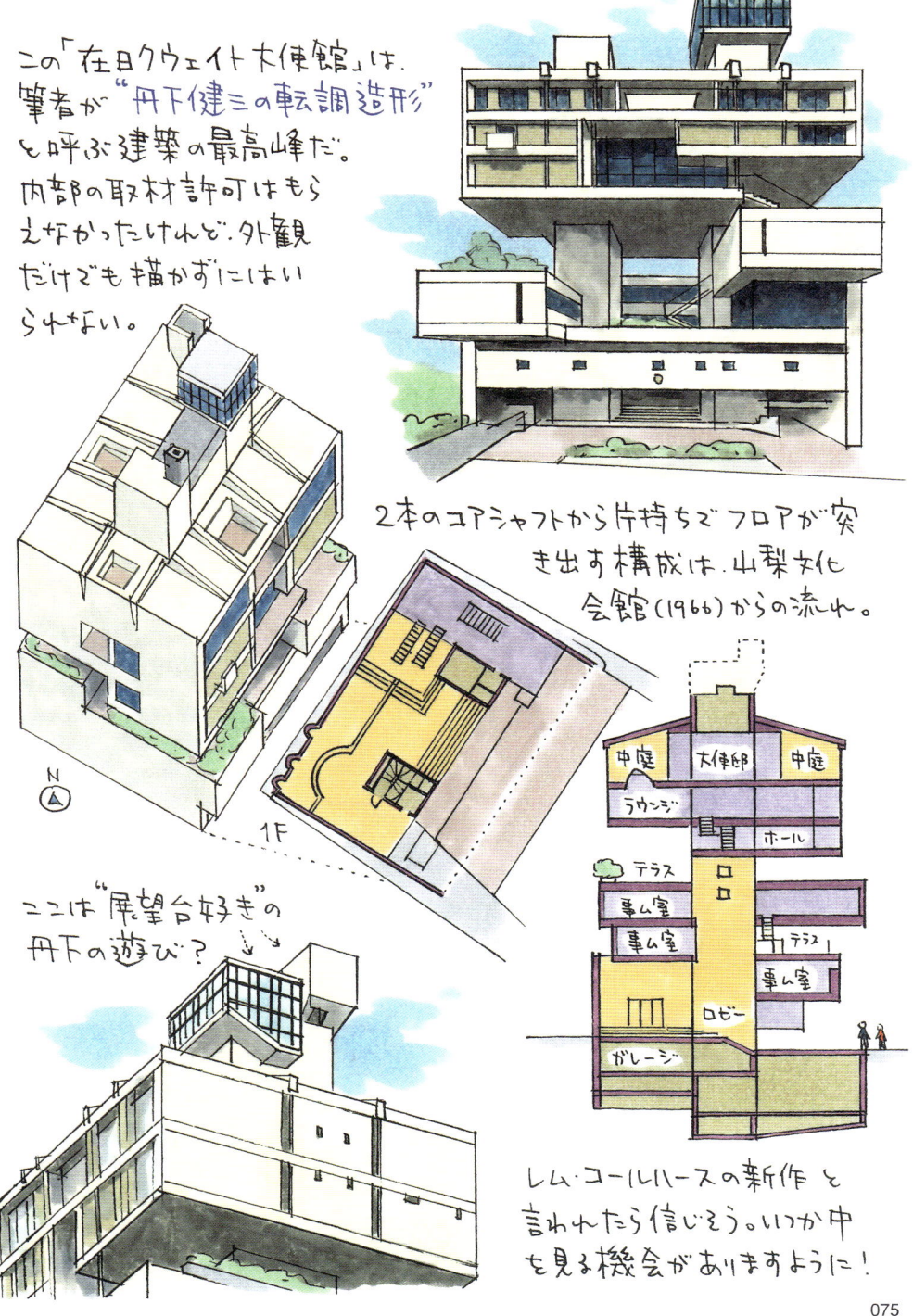

この「在日クウェイト大使館」は、筆者が "丹下健三の転調造形" と呼ぶ建築の最高峰だ。内部の取材許可はもらえなかったけんど、外観だけでも描かずにはいられない。

2本のコアシャフトから片持ちでフロアが突き出す構成は、山梨文化会館（1966）からの流れ。

1F

N

ここは "展望台好き" の丹下の遊び？

中庭　大使邸　中庭
ラウンジ　　　　ホール
テラス
事務室
事務室　　　テラス
　　　　　　事務室
ロビー
ガレージ

レム・コールハースの新作と言われたら信じそう。いつか中を見る機会がありますように！

所在地	東京都港区赤坂7-2-21
設計	丹下健三＋都市・建築設計研究所
施工	鹿島建設
構造	鉄骨鉄筋コンクリート造・鉄筋コンクリート造
階数	地下4階・地上11階・塔屋2階
延べ面積	1万2329.53㎡
竣工	1977年（昭和52年）
交通	東京メトロ・青山一丁目駅から徒歩5分

⬆西から見る。青山一丁目駅から歩いていくと最初はこう見える

丹下健三の設計で1958年に建てられた旧草月会館を1977年に建て替えたもの。旧会館は、和を感じさせる地上3階・延べ面積1865㎡の小ぶりな建物だったが、地上11階建ての現代的なビルに生まれ変わった。丹下の事務所もここにあった。

1970年の大阪万博以降、丹下の活動の軸足は海外に移り、国内のプロジェクトは減る。そんな中で、ミラーガラス張りの鉱石のようなこのビルが1977年に完成。翌1978年には雁行したミラーガラス面が特徴の「ハナエ・モリビル」が、1982年にはそれを縦に延ばしたような「赤坂プリンスホテル新館」が完成。新時代の丹下デザインを印象付けた。ミラーガラス三部作のうち、現存するのはここだけだ。

外から室内が想像できないこともあり、エントランスを入ると「草月プラザ」の迫力に驚く。奥に向かって階段状に広がる展示スペースだ。草月ホールの上部にあたる部分で、勅使河原蒼風の依頼によりイサム・ノグチが石庭を手掛けた。

2階には現在、草月プラザや赤坂御所の緑が見えるカフェ「CONNEL COFFEE」がある。床や家具は佐藤オオキ氏率いるnendoのデザインだ。

⬆北西外観。近づいていくと、鉱石のような形に。コーナー部はエレベーターホールで、外が見える

丹下健三は「立体をアイレベルで想像する能力」にたけた人だったんだなと、この草月会館を見る度に思う。

想像図

上から見るとこんな→形だとは、地上で見る人は誰も思わない。

ホールの上部を段状の石庭（イサム・ノグチによる草月プラザ）にした断面構成も見事。

現在のビルを建てるために解体された「旧草月会館」（1958年）も名建築だった。こんな↓モノクロ写真を見て「全く面影がない」と思っていたのだが……

草月プラザ

草月ホール

1958

←カラー写真を見つけて反省。現会館のミラーガラスは旧会館の壁の「青」がモチーフだった！丹下らしい婉曲的な継承。

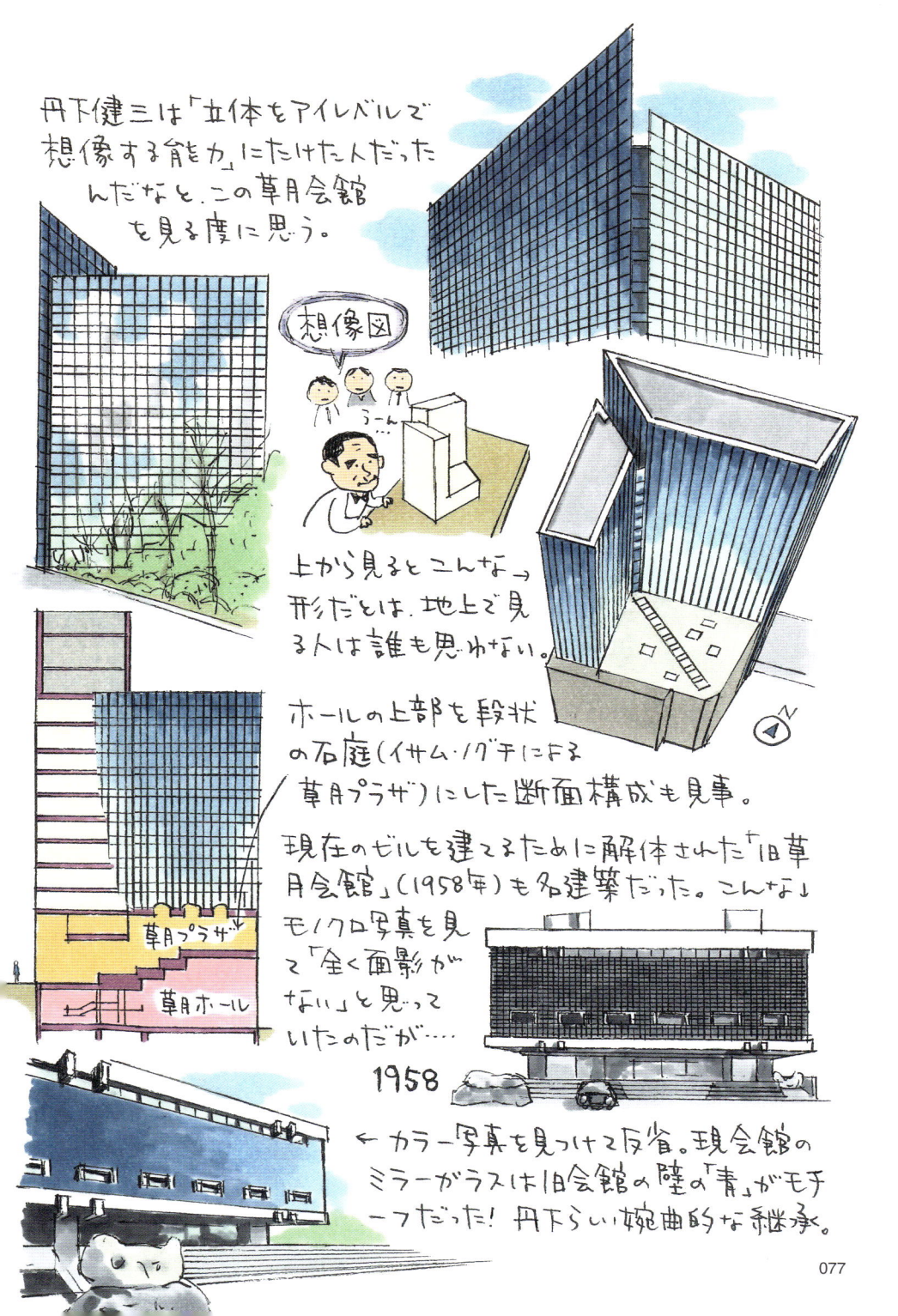

丹下健三
22 モダニストらしい天守閣への敬意
兵庫県立歴史博物館
1982年

西側の庭からカフェのガラスキューブを見る。ミラーガラスに姫路城の天守閣が映り込むのは、
「もちろん設計時からの狙い」と当時担当だった堀越英嗣は言う

所在地	兵庫県姫路市本町 68
設計	丹下健三・都市・建築設計研究所
施工	鹿島建設
構造	鉄筋コンクリート造
階数	地下 1 階・地上 2 階
延べ面積	7465.72 ㎡
竣工	1982 年（昭和 57 年）
交通	JR 姫路駅から徒歩で約 25 分、バスで約 8 分

⚫西側の庭から見た全景。右側が博物館の本体部分

　兵庫県立歴史博物館は姫路城の特別史跡内、天守閣の北東側に 1982 年 10 月に竣工し、翌年 4 月に開館した。「白鷺城」とも呼ばれる姫路城との関係性を考え、石垣を思わせる外壁で構成される。史跡内ということもあり、外観は丹下にしてはおとなしい。それでも西側の庭から見ると、斜めに置かれたガラスキューブ（カフェ）が天守閣を美しく映し取る演出にうれしくなる。

　エントランスホールに入り、天井を見上げると、ジョイストスラブ（小梁を一方向に敷き並べたスラブ）の梁下部分が平面に対して 45 度振られている。これも天守閣の方向を向いているのだと気づくと納得がいく。残念なのは、特徴の 1 つであった西側の長いスロープが、エスカレーターの設置に伴ってなくなってしまったこと。かつてはスロープを歩いて上がるときに天守閣が見え、梁が天守閣を向いていることに気づいたのだが…。

　知らないと気づかないこともある。設計過程で"丹下モデュロール"を徹底したことだ。外壁の石張りももちろんそう。設計を担当した堀越英嗣（90 ページ参照）によ

ると、大きい石の高さが 1125mm、小さい石が 695mm。梁の部分も 430、695、430 と、黄金比の割り付けになっている。部材の寸効だけでなく、建物本体やカフェの大きさも、黄金比にぴたりとはまるように設計したという。

⚫正面入り口（南側）。石張りの壁は姫路城の石垣を想起させる

⚫西側のスロープがエスカレーターの設置に伴ってなくなり、「城見ラウンジ」に

本書のために磯崎新の建築を並行して巡っていることもあってか.
この丹下建築がすごく"磯崎新的"に思えるのである。

姫路城の特別史跡内にある
「兵庫県立歴史博物館」。

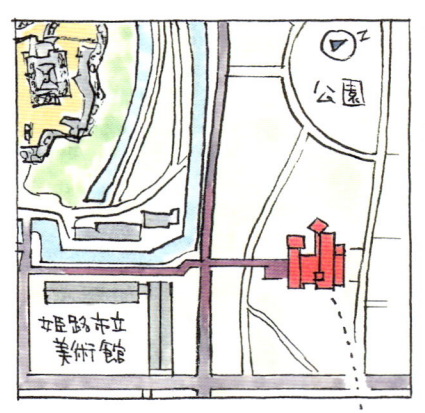

建物は, 堀の周りの道路割り
に正対する形で配置されている。
ここまでは丹下らしい"王道の軸線"。
ところが, 中に入ると……。

うおっ
余斗め!

梁やブリッジが平面に対して45度。

2F
(展示は有料)

カフェ

1F
(無料)

吹き抜け
吹き抜け

ロビー

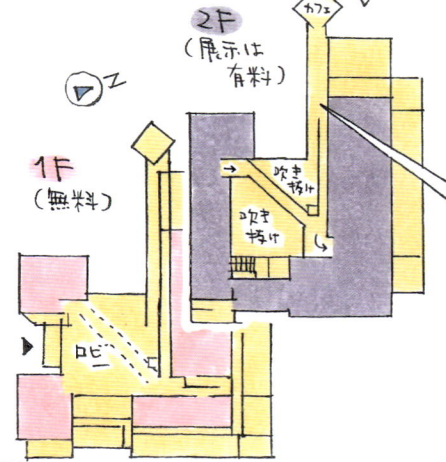

2階のカフェ
に向かう途
中で天守閣
が見えてよう
やく気づく。

あっ

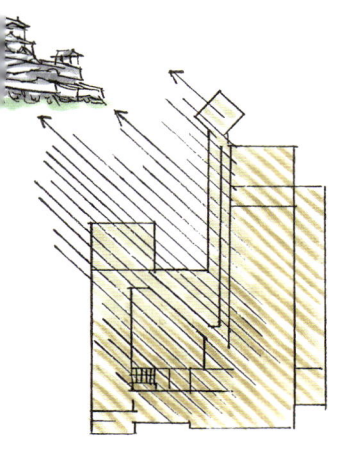

そうか、梁の軸線は天守閣を向いているのか。それでこんなつくりにくそうな架構に…。

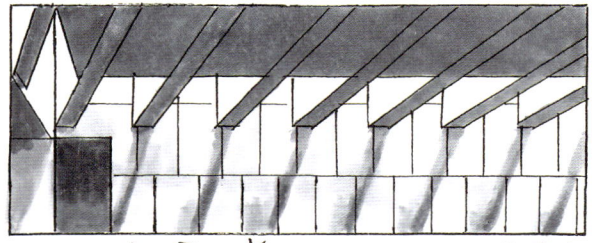

もちろん、光と影の美しさを狙ったものどもある。

梁(T版ジョイストスラブ)の端部は、外まで飛び出す。機能的には排煙窓。だが、天守閣の →軒裏を想起させる。

見学を終え、庭を歩いているとこれ →に気づく。

このためのミラーガラスだったのか

軸線のズレ、歴史の引用、ベタなモチーフ…。弟子の磯崎新のお株を奪うようなデザイン手法。

ただし、ここに書いた3点は、丹下本人は書いていない。それってモダニストとしての奥ゆかしさ? 照れ?

所在地	神奈川県横浜市西区みなとみらい 3-4-1
設計	丹下健三・都市・建築設計研究所
施工	竹中・清水・奥村・東急・佐藤・奈良建設共同企業体
構造	SRC 造・一部 RC 造・および S 造
階数	地下 1 階・地上 8 階
延べ面積	2 万 6829.4 ㎡
竣工	1989 年（平成元年）
交通	みなとみらい線・みなとみらい駅から徒歩 5 分

🔵西側外観。約 3 年の改修を終え、2024 年にリニューアルオープンした

　横浜美術館は、「みなとみらい 21 地区」の開発初期の 1989 年に完成した。丹下健三が国内で初めて設計した美術館だ。

　8 階建ての半円柱のタワーが中央にそびえる左右ほぼ対称の建物。内部の目玉は、展示エリアの中央に南北に伸びる「グランドギャラリー」だ。ガラス屋根から自然光が入る階段状の大空間。ここは長い間、ガラス屋根が遮光された状態だったが、改修工事により 2024 年に再び光が入るようになった。改修設計は丹下都市建築設計（現・TANGE

建築都市設計）が担当した。

　半円柱の 8 階は展望フロアとして公開されていた時期もあったが、現在は一般公開されていない。

　「ポストモダン」に否定的な発言をしていた丹下だが、これは明らかにポストモダン調。具体的なモチーフについては設計主旨文で触れていないものの、「ポルティコ（屋根付きの回廊）」という言葉を使っていることから、古典建築を意識していたことはうかがえる。

🔵東側外観

🔵グランドギャラリーは無料エリアを拡充して 2025 年 2 月に改めてオープンする（この写真は 2024 年撮影）

こういう視点で語られることはあまりないようだが、この建築は明らかにポストモダンである。そして、磯崎新っぽい。

〈海(東)側外観〉

連続する幾何学立体の「切断」↘

古典建築を思わせる丸柱.

ガラスの方形屋根 →

正方形を基本とする立面パターン

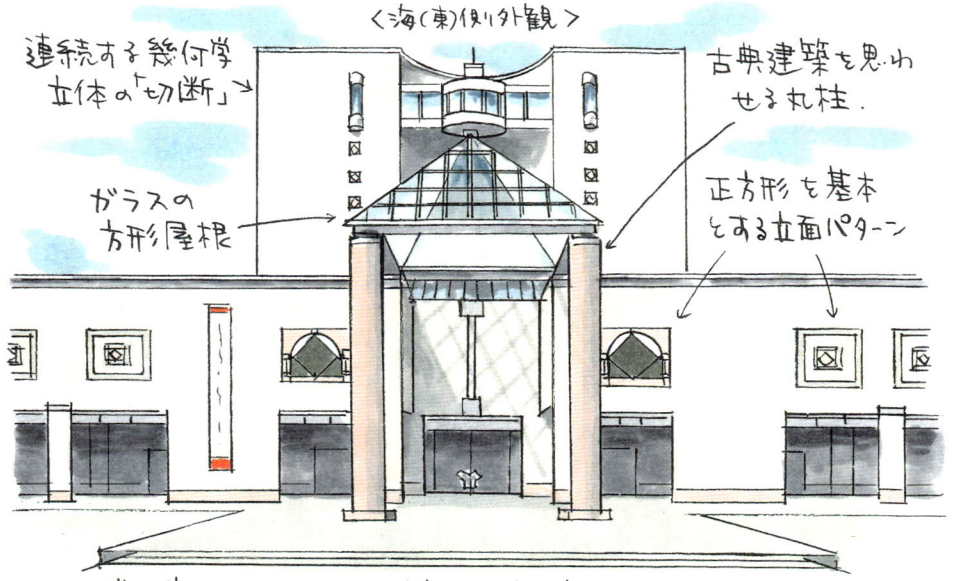

知らずに連れてこられたら、絶対に磯崎と思う。

陸側から見てもしかり。→

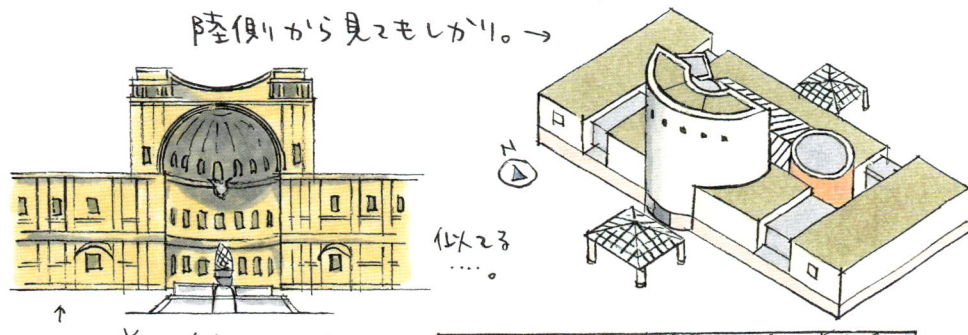

↑
バチカン美術館がモデルでは、と言う人もいる。なるほど……。

似てる……。

「ポストモダンに出口はない」と明言してしまった丹下の揺れ？そういう目で見ると、グランドギャラリーもさらに味わい深い。

中もポストモダン……

※『新建築』1983年9月号の篠原一男との対談

議会棟前の都庁広場から、第一庁舎（右）と第二庁舎（中央）を見る。議会棟と第一庁舎が高架道路をまたぐブリッジで結ばれているのは、広場から新宿 NS ビルを見えにくくするためだったと、コンペに関わった建築家の古市徹雄は後に語っている

丹下健三

24 「転向」との声も出た IC 模様
東京都新庁舎

1991年

◔ 西側の新宿中央公園から見る

所在地	東京都新宿区西新宿 2-8-1
設計	丹下健三・都市・建築設計研究所
施工	大成建設他 JV、鹿島建設他 JV、熊谷組他 JV
構造	鉄骨造・鉄骨鉄筋コンクリート造
階数	地下 3 階・地上 48 階
延べ面積	38 万 502 ㎡
竣工	1991 年（平成 3 年）
交通	JR 新宿駅から徒歩約 10 分

　東京・有楽町に丹下健三の設計で建てられた旧東京都庁舎（1957 年）が手狭になり、西新宿への移転が決まった。1986 年に 9 者を指名して設計コンペが行われ、丹下が再び都庁舎の設計者に選ばれた。

　このコンペは敷地条件が難しかった。田の字のエリアの 1 つに「新宿 NS ビル」（1982 年、設計：日建設計）がすでに建っており、残った敷地は L 字形。しかも真ん中に高架道路が南北に走る。丹下の案は 2 つの超高層を西側に建て、東側に議会棟を建てる“想定通り”の配置。対して、指名建築家の 1 人であった磯崎新は、西側に 1 棟の低層の塊を置き、そこに議会を含めたすべての機能を納めた。東側は屋外の広場とし、建物内にも巨大な吹き抜けの広場を設けた。

　磯崎案は審査会で、超高層に疑義を唱える挑戦的な案と評価されたが、「そのまま実現するには困難な問題を含んでいる」とされ、落選。丹下案は外観の「象徴性」が高く評価されて、1 等に選ばれた。

　象徴性の肝となったのが、石張りの外壁に繰り返される細かい模様。これについて丹下は、「江戸以来の町家の伝統的モチーフと、最先端のハイテック、例えば IC（集積回路）のパターンを連想させる」と説明した。

　コンペの 3 年前、丹下が雑誌の対談で「ポストモダンに出口はない」と発言していたこともあり、この外壁には「ポストモダンへの転向だ」と批判の声も上がった。

◔ 議会棟を都庁広場から見る

◔ 第一庁舎の南展望室。双塔のそれぞれに展望室がある。入場無料

都庁舎のことはいくらでも描けるのだが、本書は『丹下健三・磯崎新建築図鑑』なので、まずは磯崎の都庁案について描きたい。

都庁舎のコンペが行われたのは1986年。シンボリックな丹下案に対し、磯崎案はこんなズングリ型だった。

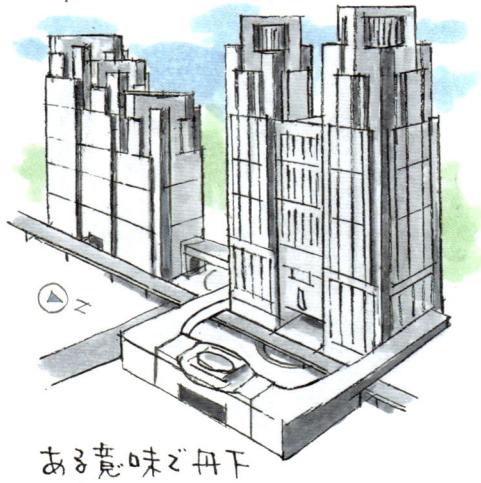

ある意味で丹下の真逆をいくようなモダニズムの低層案。超法規的な対応が必要となるため、落選。

← バチバチ！

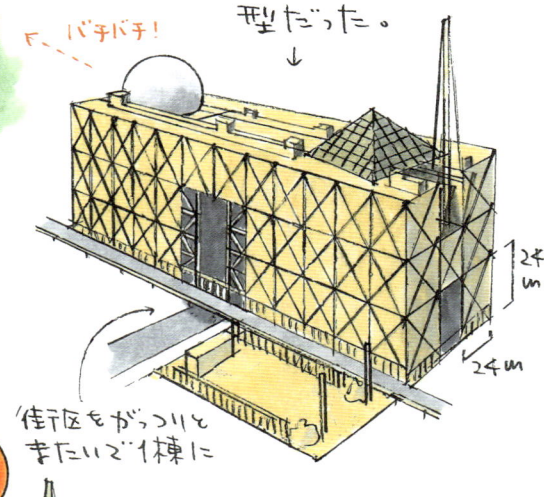

街区をがっつりときたいで1棟に

24m
24m

講堂
吹き抜け
吹き抜け

Winner!

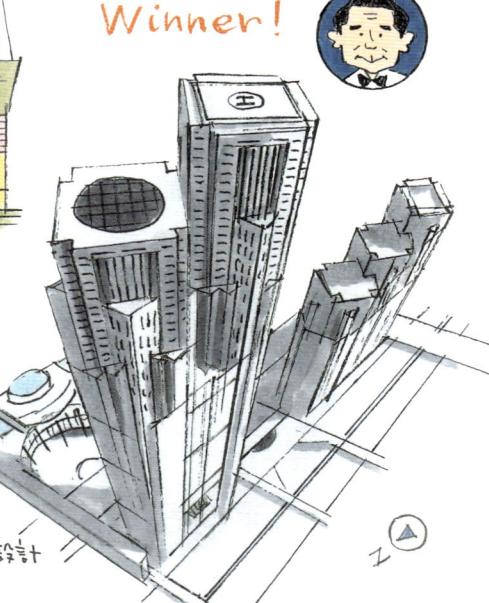

きっと、都庁の職員にとっては磯崎案の方が働きやすかったと思う。とはいえ、磯崎以外の7案※を見比べると、やはり丹下案は突出していた。

※ 日本設計、前川國男、坂倉建築研究所、山下設計、松田平田設計、安井建築設計事務所、日建設計

第一庁舎の双塔はしばしばノートルダム寺院に例えられる。これは丹下自身の説明ではない。丹下は「全部上げるとスケール感として周辺との違和感が生じる」からと説明。

双塔の最上階はどちらも展望室。

展望室からはもう一方の塔がよく見える。双塔の本当の狙いはこれだった？

あっ

筆者が惹かれるのは第二庁舎の造形。模様は何でもよかったのでは？

新宿三井ビル風

旧東京海上ビル風

草月会館風

東京モード学園風

西側からはこんなふうに見えるポイントも。

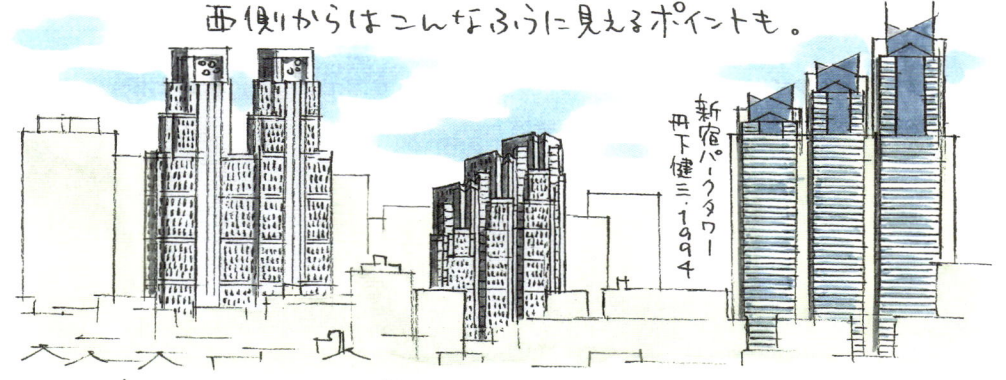

新宿パークタワー
丹下健三・1994

イヤで空に巨大な図形を描いてしまう丹下。磯崎はどう思ったのかなぁ。

◉南側外観。球体は展望室で、7階屋上庭園から直通エレベーターで上る

所在地	東京都港区台場 2-4-8
設計	丹下健三・都市・建築設計研究所
施工	鹿島
構造	鉄骨造・一部鉄骨鉄筋コンクリート造
階数	地下2階・地上25階
延べ面積	14万1825㎡
竣工	1996年（平成8年）
交通	ゆりかもめ・台場駅から徒歩5分

　フジテレビ本社ビルは丹下健三が83歳になる1996年に完成した。東京・お台場エリアで最も有名で、華のあるビルと言ってよいだろう。

　そのデザインは、自身が40代後半で取り組んだ都市提案「東京計画1960」のリベンジであるともいわれる。それに加え、細部を見れば"丹下好み"を詰め込んだような建築だ。鈍く光るチタンパネルの球体は、海を見渡す展望室。2棟のオフィスの間には4本の組み柱・組み梁によって、機能のない空隙がつくられた。その下に広がるのは屋上庭園（7階）で、そこに誘う大階段はピロティ状の列柱空間だ。

　2棟のオフィスをブリッジの架かる広場で結び、上部に球体を浮かべる──。この構成は意図したものか無意識なのか、磯崎新の「東京都新庁舎コンペ案」（86ページ参照）に似ている。球体展望室はフジテレビの目玉マーク（1985年）も連想させる。さまざまなものと関連付けたくなることが、まさに丹下の狙いなのかもしれない。

◉7階屋上庭園から球体展望室を見上げる

◉現在は「はちたま」と呼ばれる球体展望室（25階）。270度がガラス窓

都庁以降の丹下建築が正面から論じられることは少ない。
だが、本書をここまで読んでくださった方には言ってもよいだろう。

フジテレビ本社ビルには丹下のエッセンスが詰まっている！

① 強い軸線を感じさせる「ゲート形」。
② 柱が並ぶ「ピロティ」で建築に導く。

オフィス　スタジオ　オフィス

③ 将来の増築をイメージさせる「空隙」。
④ 海の見える「展望台」（球体展望室）。

ここまで来たら「鼓形」はない
のか？と探し回ると…。あっ。
これは鼓形では？

深掘り対談

丹下健三編

前川國男や坂倉準三を飛び越え
"世界の TANGE" になれた理由

堀越英嗣氏（左）と豊川斎赫氏（右）。対談は堀越氏の事務所（堀越英嗣ARCHITECT5）で行った（人物写真：総合資格 出版局）

堀越英嗣 氏 × 豊川斎赫 氏

堀越英嗣ARCHITECT5代表、
芝浦工業大学名誉教授、
東京藝術大学客員教授

千葉大学准教授

建築家の槇文彦は、師である丹下健三を「オーケストラの指揮者」に例えた。言われてみると、強固な"丹下スタイル"というものは、あるようでない。そんな幅広く柔軟なデザインを展開していたアジアの一建築家が、なぜ「世界のTANGE」となれたのか。丹下事務所OBの堀越英嗣氏と、丹下研究の第一人者である豊川斎赫氏に話を聞いた。（聞き手：宮沢洋）

——本書は、丹下健三さんと磯崎新さんの現存する建築を見て回り、その魅力を伝えるものです。実は、私は丹下さんにお会いしたことがなくて、お人柄を語ることができません。それを補うために、お二人がご存じの"人間・丹下健三"についてうかがいたいと思います。まず、堀越さんはどうして丹下事務所の門を叩かれたのですか？

堀越：同じ世代の隈研吾さんが語っているのと近いのですが、僕も東京生まれの東京育ちなので、東京オリンピックがきっかけです。五輪が開催される少し前に、NHK がヘリコプターで国立代々木競技場（国立屋内総合競技場）を上から旋回しながら映したんです。それにめちゃくちゃ衝撃を受けました。

——何歳くらいですか。

堀越：小学生で、11 歳だったと思います。

——実物も見たのですか。

堀越：遠足で見に行きました。東京に住んでいたので、それまでも丸の内のビルとかはよく見ていて、「日本のビルは地味だなあ」と

国立代々木競技場の第一体育館（写真：長井美暁）

思っていました。

——小学生にしては建築感度が高い（笑）。

堀越：海外にはもっと高い超高層ビルがあることを、テレビで見て知っていましたからね。だから、代々木競技場を見て、「これが建築なんだ！」って驚きました。

第二の衝撃は大阪万博

堀越：中学時代はアマチュア無線にはまっていたのですが、次に衝撃を受けたのが、1970年の大阪万博でした。高校 1 年の時です。最初に衝撃を受けたのはやはりテレビのニュースでしたね。お祭り広場の施工現場に丹下さ

堀越英嗣 （ほりこしひでつぐ）

建築家、堀越英嗣 ARCHITECT5 代表、芝浦工業大学名誉教授、東京藝術大学客員教授。1953 年東京生まれ。1976年東京藝術大学美術学部建築科卒業、1978 年同大学院修了。1978 ～ 1986年、丹下健三・都市・建築設計研究所勤務。丹下氏の下で赤坂プリンスホテル、兵庫県立歴史博物館、愛媛県民文化会館、横浜美術館、ナポリ新都心計画、マリーナサウス都市設計、パリ・イタリア広場などを担当。東京都新都庁舎競技設計一等当選案を担当後に退社。1986 ～ 2006 年アーキテクトファイブ共同主宰、2005 年 ～ 堀越英嗣 ARCHITECT5、2001 年鳥取環境大学教授、2004 年～ 21 年芝浦工業大学教授、2017 年建築学部長。日本建築学会賞（業績）、同作品選奨、BCS 賞、グッドデザイン大賞、日本建築士会連合会優秀賞、AACA 賞など（共同受賞）、日本建築士会連合会奨励賞、中部建築賞など（堀越英嗣 ARCHITECT 5）。

んが立っている。これからリフトアップで屋根を一気に持ち上げるんだと説明していました。しゃべる丹下さんを初めて見て、絶対に見に行こうと思いました。

実際に見て、大感激ですよ。お祭り広場もよかったですが、黒川紀章さんの「IHI パビリオン」とか、村田豊さんの「富士グループ・パビリオン」、吉田五十八さんの「松下館」にも惹かれました。万博を体験して、建築家を目指そうという気持ちが固まりました。

──東京藝術大学の建築科に進まれますが、ずっと丹下事務所を目指していたのですか。

堀越：当時の藝大は、万博が終わって「建築はもっと地道にやるべきじゃないか」みたいな風潮があって、ちょっとがっかりしたところもありました。丹下事務所だけを目指していたわけではありませんが、学生時代から丹下事務所にアルバイトに行ったりしていたので、思いはあったんでしょうね。大学院を出て、1978 年に丹下事務所に就職しました。

第一線の建築史家が取り合う存在

──豊川さんは今では丹下健三研究の第一人者ですが、私よりも若いのに、なぜ研究テーマに丹下健三を選んだのですか。いったん設計事務所（日本設計）に勤めてから、歴史研究の道に進まれているのも異色です。

豊川：私のいた大学（東京大学）では、当時、設計が優秀な方は槇文彦さんの事務所に行くか、磯崎新さんの事務所に行くという時代でした。それが設計を志す人のメインストリームで、ちょっと変わった人というか、格式が上の人が丹下事務所を希望する、という感じ

でした（笑）。

そんな頃、私が丹下さんの研究をやってみたいと思った最初のきっかけは、大学の 3 年生の京都旅行でした。その時に、建築史家の鈴木博之さん（1945 ～ 2014 年）が来られていて、夜にすごく悔しがっている姿を見たんです。聞くと、丹下さんの自伝を藤森照信さんが書くことになった、と。丹下さんが自分ではなく、藤森さんに頼んだということを悔しがっていた。

──新建築社の『丹下健三』（丹下健三・藤森照信共著、2002 年）ですね。この本、私も大変お世話になっています。

『丹下健三』（2002 年、丹下健三・藤森照信共著、新建築社）

豊川：そう、それです。鈴木さんが悔しがる姿を見て、「丹下健三という建築家は、第一線の歴史家が取り合うテーマなんだ」と思いました。それがきっかけの一つです。

それから僕は大学院に進み、その後は日本設計という会社に就職して、5 年ほど設計をやりました。大学の教員になりたいと思って日本設計を辞めるわけですが、テーマは決まっていなかったんですよ。ちょうどその頃、例の藤森さんの本が出るんです。ああ、鈴木博

之さんが悔しがっていた本はこれか、と。

——ご覧になってどんな印象を持たれたのですか。

豊川：藤森さんは、磯崎新さんや槇文彦さんなど、15人くらいにインタビューを取られています。どれも大変貴重で重要なインタビューなんですけれど、僕は、実際に図面を描いている人がほとんど入っていないと思ったんです。自分は設計事務所で働いていましたから、公共事業とか設計ってそんなものじゃないだろうと。もっと下のレベルから見上げたときに、丹下研究室の実務というものが見えてくるんじゃないかと思ったんです。

——そこから『群像としての丹下研究室』（2012年、豊川斎赫著、オーム社）が生まれるんですね。これは一体、何人にインタビューしているんですか。

豊川：最初は、1970年までに在籍していたOBの方にヒアリングして70年万博までを書こうという目標だったのですが、その後についてもやろうということで、トータルで50人くらいに話をうかがいました。堀越さんにも

『群像としての丹下研究室』
（2012年、豊川斎赫著、オーム社）

ご協力いただきました。

——50人。それは大変……。ところで、豊川さんは、丹下さん本人に会ったことはあるのですか。

豊川：お会いしたことはないです。

——やっぱり…。世代的にそうではないかと思っていました。でも、豊川さんが書く丹下論は、たぶん設計事務所にいた経験が大きいのだろうと思うのですが、"ものをつくるリアリティー"をすごく感じます。傍らで丹下さ

豊川斎赫（とよかわさいかく）

千葉大学工学部総合工学科都市工学コース准教授。建築家、建築史家、工学博士、一級建築士。1973年宮城県生まれ。
1997年東京大学工学部建築学科卒業。2000年東京大学大学院工学系建築学専攻修了。2000〜2005年日本設計。2007〜2016年国立小山工業高等専門学校准教授。2017年から現職。
主な著書に『群像としての丹下研究室』（2012年、オーム社、日本建築学会著作賞、日本イコモス奨励賞）、『丹下健三が見た丹下健三』（2016年、TOTO出版）、『磯崎新建築論集8 制作の現場』（2015年、岩波書店）、『丹下健三』（2016年、岩波書店）、『丹下健三と都市』（2017年、SD選書 鹿島出版会）、『丹下健三 ディテールの思考』（2017年、彰国社）、『国立代々木競技場と丹下健三』（2021年、TOTO出版）

んを見続けていたかのようです。

豊川：ありがとうございます。僕の研究は一般の人が読むというよりは専門家向けのものが多いのですが、最近、スピンオフでこんな本に協力したので、ぜひ読んでみてください。

豊川氏が原案と監修を担当した『丹下健三 〜世界のタンゲと呼ばれた建築家〜』（今治市制作）。漫画は今治市出身の愛馬広秋氏。無料でオンライン公開されている。今治市電子図書館（https://web.d-library.jp/bari/g0101/top/）で検索を！

——なんと、漫画！ 本書にとっては強力なライバルですが、宣伝しておきます！

自らスタッフの担当表をつくる

——丹下さんの設計の進め方について、うかがわせてください。「丹下さんの設計はボトムアップ型だった」とよく言われていて、実際、網羅的に巡ってみるとデザインの幅広さに改めて驚かされます。アイデアはスタッフに任せて、それをチョイスすることに専念していたのでしょうか。

堀越：担当者がそれぞれ模型をつくって、それを丹下さんが絞っていくやり方だったというのは確かにその通りです。ただ、あまり知られていないなと思うのは、どのスタッフにどのプロジェクトを担当させるかをご自身で綿密に考えていたことです。当時のメモが残っていますよ（右ページ）。

——わっ、これは丹下さんご本人によるものですか。

堀越：はい、自筆です。「たまたまこの人が空いているから」ではなくて、「このプロジェクトに向いていそうだ」っていう人を引っ張ってきて、頻繁に入れ替える。
　このメモは赤坂プリンスホテル（1982年）を設計していた頃で、メンバーの誰それがこっちのプロジェクトに行きなさいという指示ですね。

——事務所に番頭さんみたいな人がいて、担当者を割り振っているのかと思っていました。

堀越：スタッフのマネジメントは全部自分でやっていました。
　それと、もう1つすごいなと思うのは、それぞれに案をつくらせるとやっぱりアイデアの差がはっきりするじゃないですか。それは担当者自身でもわかってしまう。でも丹下さんは、模型を並べて単に一番いいものを選んでいくということではなくて、一番駄目だと思われるものの中からも、いいものを引き出していくんですよね。
　模型を並べてみんなで見ていて、丹下さんの言った言葉によって、こういうところが気になっていたんだな、ということがわかってくるんです。

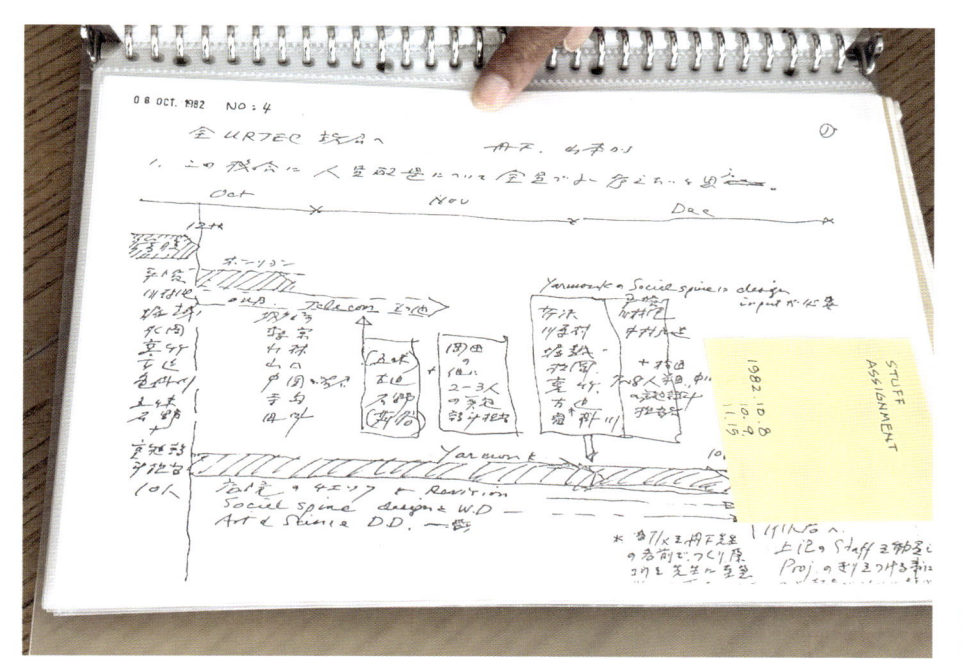

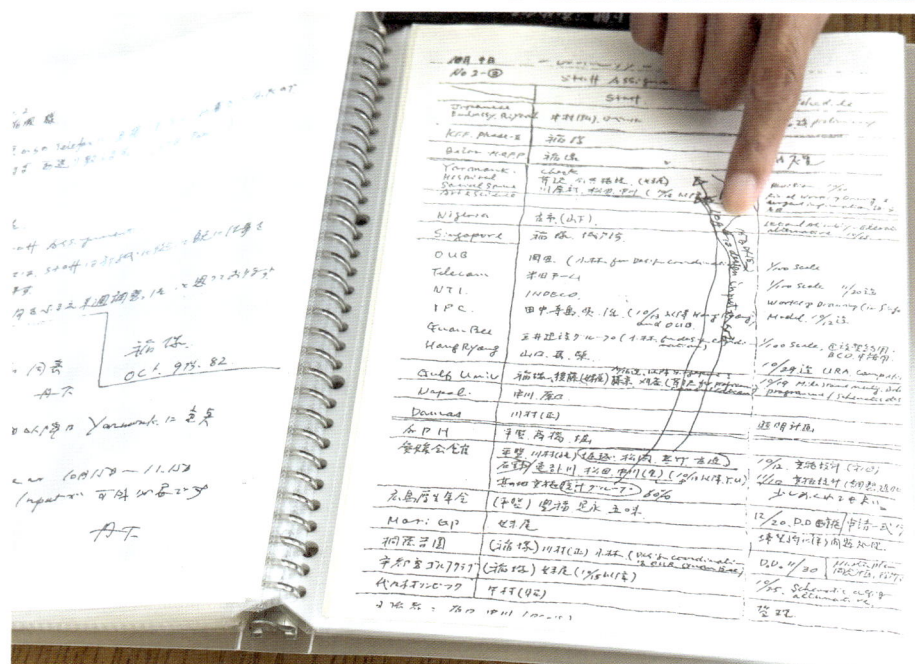

堀越氏が保管している丹下氏の指示のメモ（上も）

丹下氏（右）の下で「マリーナサウス都市設計」
を担当した時の堀越氏（写真提供：堀越英嗣）

——自分の案は駄目だなと思っていても、どこかを拾ってもらって腐らないということですね。

堀越：そう。チームでやることによっていろんなアイデアがきちっと網羅される。

　最終的にはもちろん丹下さんの作品になるわけですが、兵庫県立歴史博物館（1982年、78ページ）を担当したときには、私に「説明の文章を書いていいよ」と。それを丁寧に添削してくれて、とても感動したことを覚えています。

——担当者にも、やった感を残す。"丹下スクール"と呼ばれるほど建築家が育ったのは、そういうスタイルだからなんでしょうね。

豊川：その辺りは、先ほどの『群像としての丹下研究室』のヒアリングでもよく聞きました。槇文彦さんは、「丹下さんはコンダクター（指揮者）だった」と言っています。打楽器や管楽器、それぞれ得意な人がいて、それを吹いてもらったり、抑えたりしながら設計を進め

ていく。人の力を見抜く能力と、美意識がすごかったんだと思いますね。

——そういうスタイルでやろうと思っても、誰でもできるものではないと。

豊川：そうかもしれません。

雑誌に載せる写真へのこだわり

——今日、一番うかがいたかったのは丹下さんがなぜ"世界のKENZO TANGE"になれたのかということです。少し上の世代にはコルビュジエに直接学んだ前川國男さんや坂倉準三さんがいます。特に坂倉準三さんは、戦前にパリ万国日本館で賞を取っていますから、丹下さんよりも先に"世界のSAKAKURA"になっておかしくなかったのではないかと思います。丹下さんは広島のピースセンター（12ページ）が世界に発信されたことが大きいのだろうとは思いますが、それだけだと「運が良かった」というふうにも思えます。他に理由は考えられますか。

『TANGE BY TANGE 1949-1959 ／丹下健三が見た丹下健三』（2015年、監修：岸和郎、原研哉、編著者：豊川斎赫、TOTO出版）

豊川：当時の海外の建築雑誌では、坂倉さんのプロジェクトや都市提案もたくさん紹介されています。むしろ坂倉さんの方がページ数は多い。一方で、丹下さんに関する記事は、ページ数は少ないけれど、すごくフォトジェニックなんですよね。あれは海外の人に響いたと思います。

　当時の印刷はカラーじゃなくて、モノクロ。だから、丹下さんはモノクロでうまく伝わるようにビジュアルにこだわった。

——豊川さんは、丹下さんが撮った写真の本（『丹下健三が見た丹下健三』、2015年、TOTO出版）もつくられていますよね。あの本を見て、丹下さんの写真の腕もさることながら、丹下さんのトリミング指示の的確さにうなりました。

豊川：そうですね。有名な平和資料館がお墓の中に立ち上がっていく写真も、どの範囲までで切るかを相当考えたことがうかがえます。

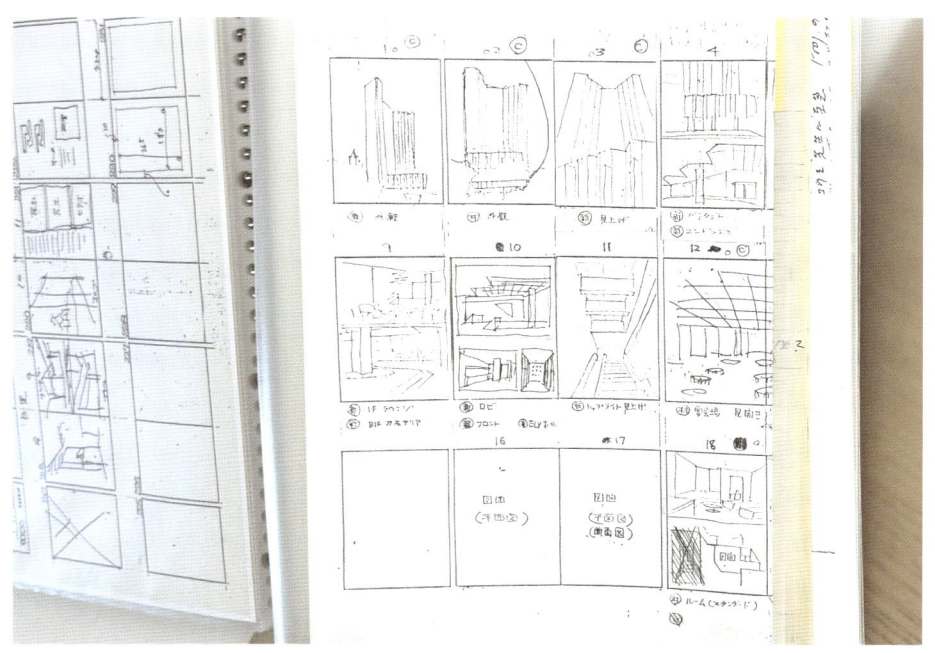

堀越氏が保管している丹下氏のトリミングとページ割りの指示

収録しきれない話で大盛り上がりの2人

堀越：丹下さんが雑誌でどう伝えるかにこだわっていたことは、僕が居た頃もそうでした。例えば、これもそうです。雑誌『SD』の特集号のときに、どの写真をどのページに割り振るかを指示したものです。

——えっ、これも丹下さんがご自身で？

堀越：スケッチもそうですし、すごいのは丹下さんが写真をみんな覚えているということですよ。こういうアングルの写真をどっち側に置くとか、記憶で書いてしまう。

　見開きで写真を並べる場合は、外側に広がるように見せると印象的だとか、僕もずいぶん学ばせてもらいました。

豊川：写真の見せ方以外に、もう1つ加えるとすると、丹下さんはそれまでの建築家よりも文章をたくさん書いたということも大きいと思います。単に美しいということではなくて、これからの建築家は都市的な構想力がなけれ

ば駄目なんだということをアピールした。

——その辺りが磯崎新さんにも引き継がれて、磯崎さんは丹下さんと距離を置きつつも、"世界のISOZAKI"になったんでしょうね。

アイコニックであること

豊川：磯崎さんは、丹下研究室にいたときから、どうやって父（丹下健三）を乗り越え、父を刺すかということをずっと考えていた人で

東京都新庁舎（1991年、84ページ）

した。

　丹下さんは常にシンボリックな建築をつくる。それに対して磯崎さんは、「自分は丹下さんとは違う」と言いながらも、実は非常にアイコニックなものを結局つくっていた。その後の建築界はだんだんと、象徴性というものを過度に出さない方がかっこいいという風潮になっていきましたが、歴史を見ると必ず盛り返すんですよ。海外ではアイコニックな建築を求めて、今の 3D のぐにゃぐにゃな建築になっている。

——確かに近年、日本と海外で建築デザインのトレンドが違ってきているようにも感じます。ところで、アイコニックということでいえば、堀越さんは都庁のコンペを担当されてから、事務所を退職されたとか。

堀越：丹下さんに「独立します」と言いやすいタイミングをずっと考えていて、都庁のコンペで当選したときに「今しかない」と思って、伝えました。

——都庁は、コンペ案のときからあの細かいファサードのデザインでしたよね。

堀越：都庁の外壁の表面は当時、電子半導体に例えられました。そういうイメージもあるんですけれど、あれは僕が先生に見せたこれのイメージも大きいんです。

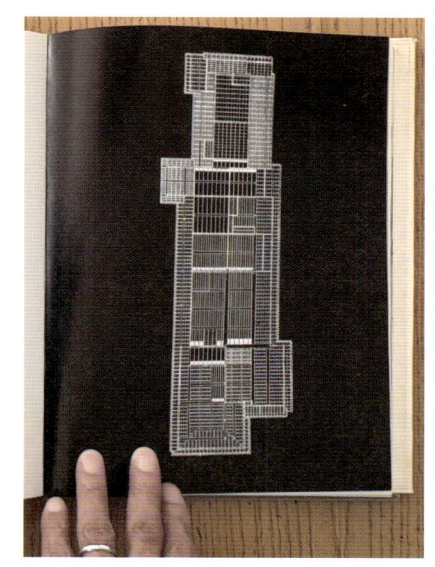

『日本建築の形と空間』（ノーマン F カーヴァ jr 著、浜口隆一翻訳、彰国社、1956 年）に掲載された吉村家住宅の図面

——これは日本家屋ですか？

堀越：はい。大阪の吉村家という重要文化財の民家です。僕がこの屋根伏せ図をコピーしたものを壁に貼って、丹下さんがこれならいける、と。丹下さんはやっぱり、日本的であるということにこだわりがあったんでしょうね。

——なんと。今までずっと IC チップがモチーフだと思っていました。今日は丹下建築を見る際のヒントになるお話を、たくさんありがとうございました！

5つのキーワード
磯崎建築を味わうための

磯崎新の建築は、彼の"言説"を知らないと理解できない？　いや、そんなことはない。知識がなくてもその造形は心に響くし、この5つを知れば10倍楽しめる。

1 切断

磯崎新が設計手法として挙げたキーワードの中で、1つだけ覚えておくなら"切断"だろう。この言葉が明確な意図をもって使われたのは『プロセス・プランニング論』の中だ。

1960 大分県医師会館

磯崎は、丹下研究室で「今治市庁舎・公会堂」（1958 年）や「今治信用金庫」（1960 年）などを担当する傍ら、個人として故郷の大分市に「大分県医師会館」（1960 年、現存せず）を完成させる。2 年後、その設計手法を論理付ける意味で『プロセス・プランニング論』を書いた（掲載は『建築文化』1963 年 3 月号）。そこにはこう記されている。

1962
「プロセス・プランニング論」

「《プロセス》とは各時点において移行の条件をとらえるための概念であり、固定化され、不変化された実体は存在することなく、常に流動し、変転していく現実を方法化するために導入されたわけだから、終末という反宇宙の想定は、流動化している実体を必ずある時点で切断し、その渦中に立った決断をせまられる

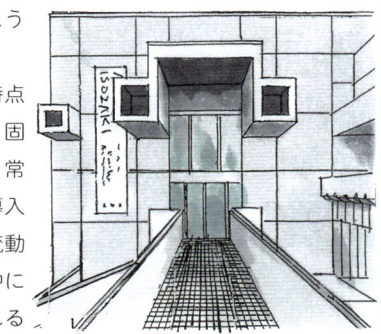

1966 大分県立大分図書館

具体的な建築の設計にもっとも有効な方法になるはずである」。

設計が進んでいた「大分県立大分図書館」（1966 年）への宣言とも取れる。「メタボリズム」の建築家たちが目指した"増殖"に対し、ある瞬間を切り取る"切断"はいかにも磯崎らしい。

メタボリズム

1967

寒河江市庁舎 黒川紀章

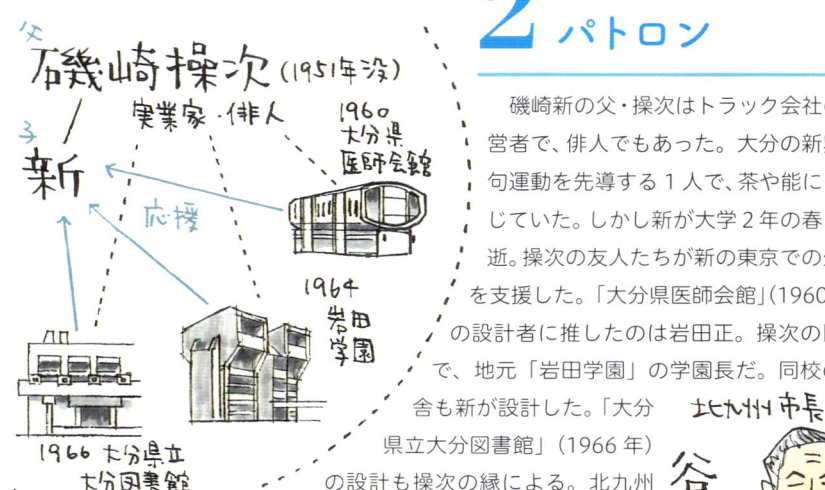

石磯崎操次 (1951年没)
父
実業家・俳人
子
新
応援
1960
大分県
医師会館
1964
岩田学園
1966 大分県立
大分図書館

北九州市長
谷伍平
1916
-2007

2 パトロン

　磯崎新の父・操次はトラック会社の経営者で、俳人でもあった。大分の新興俳句運動を先導する1人で、茶や能にも通じていた。しかし新が大学2年の春に急逝。操次の友人たちが新の東京での生活を支援した。「大分県医師会館」（1960年）の設計者に推したのは岩田正。操次の旧友で、地元「岩田学園」の学園長だ。同校の校舎も新が設計した。「大分県立大分図書館」（1966年）の設計も操次の縁による。北九州市の磯崎建築の多くは、磯崎の才能に目をかけた北九州市長・谷伍平の任期と重なる。磯崎はパトロンに恵まれた建築家であった。

3 立方体

　磯崎は「立方体（正六面体）」や「正四面体」など原初的な幾何学立体を好んだ。正多面体はプラトン立体とも呼ばれる。「群馬県立近代美術館」（1974年）の雑誌発表時、「立方体について」という文章を発表。「N邸」（1964年、175ページ参照）から「北九州市立美術館」（1974年）までの立方体を使った建築を解説した。多用する理由については、「偏愛している」という答えしか用意できない、と書いた。もちろんもともとの好みもあるのだろうが、黄金比を美の規範とした丹下健三に対抗する"戦略"とも考えられる。

1974 群馬県立近代美術館
のダイアグラム

正六面体
正四面体

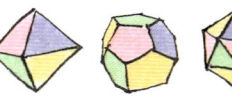

「プラトン立体」

1990
水戸
芸術館

4 モンローカーブ

磯崎はプラトン立体以外にも、正方形や正三角形、円弧など理由のある線と角度を用いた。そうではない曲線が必要な場面で使ったのが「モンローカーブ」。マリリン・モンローが赤いベルベットに全裸で寝そべる写真を切り抜き、これを組み合わせて定規をつくった。有名な「モンローチェア」は C. R. マッキントッシュのハイバックチェアをこの定規で変形させたもの。建築の外観でも、「北九州市立中央図書館」（1974 年）や「神岡町役場」（1978 年）などにこの曲線が使われている。

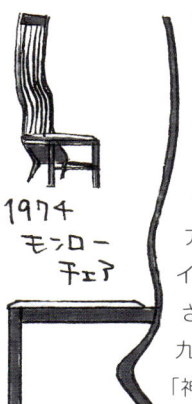

1974
モンロー
チェア

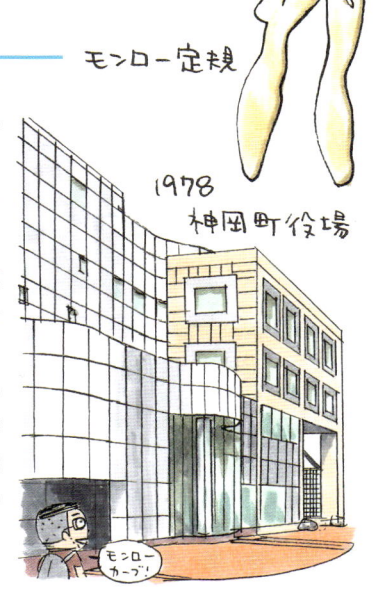

モンロー定規

1978
神岡町役場

モンロー
カーブ！

5 川口衞と木村俊彦

師・丹下健三がリードしたモダニズムを乗り越えようとした磯崎だが、建設技術に関する高い関心は師匠譲り。ある意味でモダニズム的だった。磯崎建築の構造面を支えた 1 人は、川口衞（1932 ～ 2019 年）。坪井善勝の下で国立屋内総合競技場を実現して頭角を現し、独立後は磯崎と「富士見カントリークラブハウス」、「西日本総合展示場」、「なら 100 年会館」などで協働した。 施工プロセスも含めてダイナミックなものが多い。もう 1 人、洗練系を担当することが多かった構造家が木村俊彦（1926 ～ 2009 年）。「北九州市立中央図書館」、「つくばセンタービル」、「水戸芸術館」、「お茶の水スクエア」は木村が担当。2 人の差が見た目でもわかる。木村の下から独立した佐々木睦朗（1946 年～）も晩年の磯崎と協働した。

MAMORU
KAWAGUCHI
1932 - 2019

1977
西日本総合展示場

TOSHIHIKO
KIMURA

1990 水戸
芸術館

1926 - 2009

所在地　東京都新宿区百人町
　　　　1-1-8
設計　磯崎新
施工　不詳
構造　木造
階数　地上2階
延べ面積　約59㎡
竣工　1957年（昭和32年）
交通　西武新宿駅から徒歩3分、
　　　JR新大久保駅から徒歩
　　　6分

⬆南側外観

　1960年代初頭に「ネオ・ダダ」という前衛芸術家グループがあった。吉村益信（1932〜2011年）を中心として1960年に東京で結成され、メンバーには赤瀬川原平（1937〜2014年）らがいた。過激なアクションや廃物を使ったオブジェ、街頭パフォーマンスで注目を集めた。その拠点となったのが吉村の自宅兼アトリエ「新宿ホワイトハウス」。磯崎新が東京大学丹下健三研究室に属していた1957年、26歳のときに設計した。

　吉村も赤瀬川も大分出身で、同郷の磯崎は先輩に当たる。磯崎は旧制大分中学時代、後に作家となる赤瀬川隼（原平の兄）と演劇部に所属して、舞台を制作したり、絵を描いたりした。磯崎はネオ・ダダの活動には参加しなかったが、彼らにシンパシーを感じ、この家に入り浸っていたという。

　ネオ・ダダは短い期間で活動を終える。建物はその後、画家の宮田晨哉に譲られた。一時カフェとして使われたあと、「Chim↑Pom

from Smappa!Group」のアトリエを経て、現在はChim↑Pomの卯城竜太、アーティストの涌井智仁、ナオ ナカムラの中村奈央が運営するアートスペースとなっている。

⬆木造2階建てで東側の3分の2ほどが吹き抜け。アートスペースとして再出発するにあたり、GROUPの設計で2021年に改修を行った。写真はmcg21xoxoが2024年秋に開催した「XO.1」の展示風景。中央の縦長のものは柱ではなく作品

磯崎新の"幻の第1作"とされる新宿ホワイトハウス（1957年）。磯崎本人も存在を忘れていたが、2010年に友人の赤瀬川原平らにより"発見"された。大分時代の友人である芸術家・吉村益信の自宅兼アトリエだ。

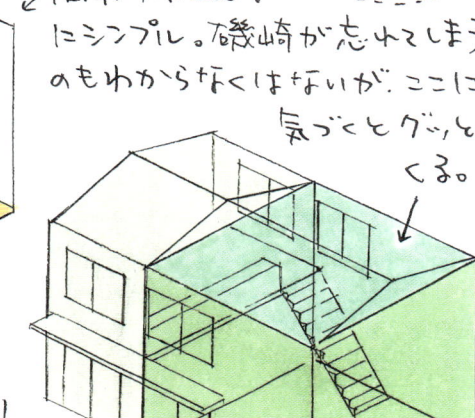

吉村益信
1932～2011

先輩

同郷
先輩

芸術家集団
ネオ・ダダ

赤瀬川原平
1937
～2014

吉村は「ネオ・ダダ」の創設者で、ここがグループの活動拠点となった。磯崎も入り浸る。

間取りはこんなにシンプル。磯崎が忘れてしまうのもわからなくはないが、ここに気づくとグッとくる。

寝室
キッチン
アトリエ

5460
5460
5460

吹き抜けの寸法が 5460mm×5460mm×5460mm の立方体！磯崎自身は立方体へのこだわりを「N邸」（1964年）からとしていたが、それは第1作にも内包されていたのだ。

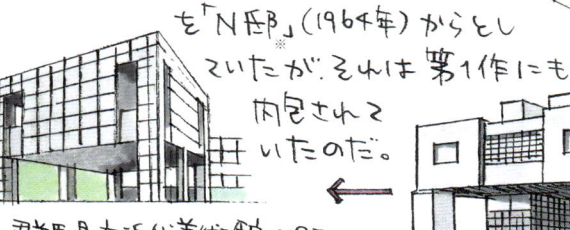

群馬県立近代美術館（1974）

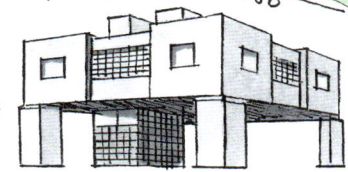

N邸（1964、秋吉台国際芸術村に復元）

※116ページ参照

静かに挑発する教室棟と体育館

磯崎新 02 岩田学園

1964年

所在地　大分県大分市岩田町
　　　　1-1-1
設計　　磯崎新アトリエ
施工　　後藤組※
　　　　（※は1号館・2号館）
構造　　鉄筋コンクリート造※
階数　　地上5階※
延べ面積　996㎡（1号館）、
　　　　387㎡（2号館）
竣工　　1964年（昭和39年）※
交通　　JR大分駅からバスで約15
　　　　分（ただし見学は敷地外か
　　　　らのみ）

🔵 1号館（左）と2号館（右）をグラウンド（西）側から見る

　磯崎新は実質的なデビュー作である「大分県医師会館」（1960年、現存せず）に続いて、大分市内に「岩田学園」の1号館と2号館を完成させた。1・2号館の外観は敷地外から見えるものの、私立学校のため建築について報じられることは少ない。

　同校は裁縫学校を母体とし、1948年に岩田高等学校（女子校）となった。1・2号館は女子高時代の学園経営者（磯崎の父の友人である岩田正）が、まだ丹下健三研究室に所属していた磯崎に設計を依頼した。独立後の1965年に雑誌『建築』で大分県医師会館とともに取り上げられ、知られるところとなる。

　逆向きに傾斜する片流れ屋根の建物が親子のように向き合う、いかにも意味ありげな造形。大きい方が教室棟で小さい方には職員室などがある。後に磯崎はこの屋根の形について、「予算が極端に限られていたので、防水シートを節約するため勾配屋根を用いようと考えた」と説明。「相反する2つのブロックの屋根をその勾配ぞいにのばしてみると、（中略）ブロークン・ペディメントといっていいのではないか」とも言う。

　約20年後の1983年に中学校が新設され、中高一貫の男子校に。そのタイミングで体育館と学生寮の設計が再び磯崎に依頼され、1985年に完成。体育館と学生寮は構造に磯崎らしいこだわりが見て取れる。2001年からは男女共学となっている。

🔵 男子校になったタイミングで1985年に建てられた学生寮の食堂。共学になった現在もこの寮は男子が使用

🔵 1985年竣工の体育館。鋼板折板とタイバーだけででき た屋根が開口部の上にフワリと載る

敷地の外からも1号館・2号館は見える
けれど、今回、校内を
見学できて本当に
よかった！

いかにも意味ありげな斜めの屋根。
見慣れぬ大小の造形が向かい合う。

1号館
(1964)

2号館
(1964)↓

斜めの屋根は、5階の教室の
天井に、こんなふうに現れる▶

磯崎自身は「ほとんど誰にも読みとれ
ないこの隠喩」を自嘲しつつ、「ブロークン・
ペディメント」を手がかりにしたと明かす。

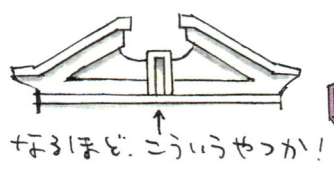

なるほど、こういうやつか！

では、なぜ非対称？
機能を知って納得。

1号館は教室群で、
2号館は教職員の部屋。

ブリッジで行き来する

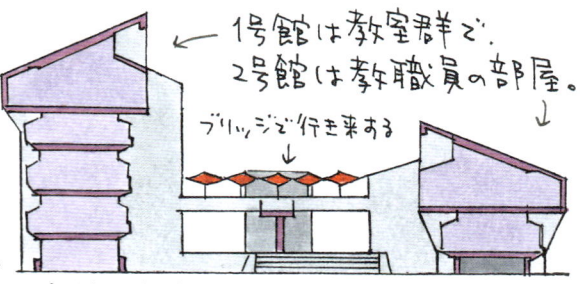

生徒が主役！

磯崎建築として有名なのは1号館と2号館だが、他にも磯崎が
その後に設計したものがごろごろ。特に印象的なのは1985年の2つ。

トイレ棟 (2000)
5号館 (1988)
4号館 (2000)

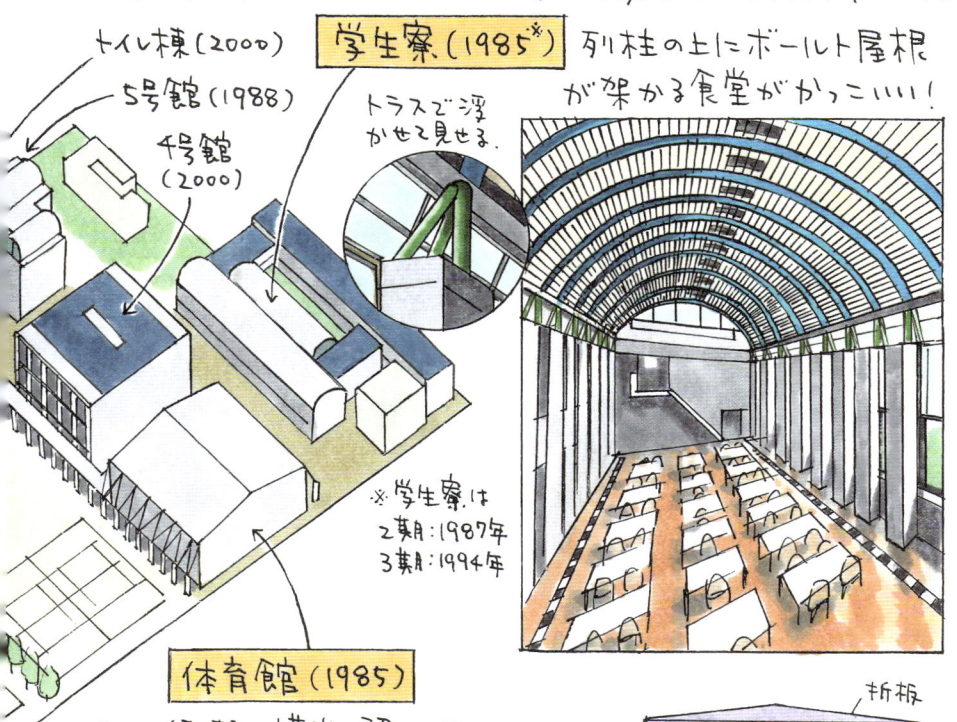

トラスで浮かせて見せる。

学生寮 (1985 ※) 列柱の上にボールト屋根
が架かる食堂がかっこいい！

※学生寮は
2期：1987年
3期：1994年

体育館 (1985)

こちらも衝撃の構造。梁がない……。

折板
タイバー

厚さ1.6mmの鋼板折板と
タイバーだけで、24mスパン
を飛ばす。

屋外の列柱
の上に
トラス。

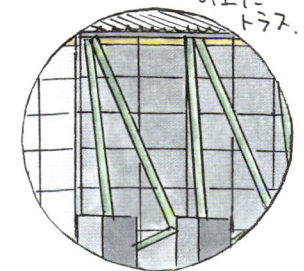

1985年の2棟は構造家の木村俊彦が
担当した。そして、磯崎新アト
リエの担当者は、青木淳。→
こんな冒険心にも納得。

1926-2009

1956-

大分県立大分図書館（現・アートプラザ）

「切断」を主張する中空梁の列

1966年

磯崎新 環境と空間

Arata
Isozaki

Environment
and Space

2F 60'sホール
3F 機械制御設備展示室

北側のスロープから見る。四角い中空梁が突き出す前衛的な入り口。2022 年には登録有形文化財となった

所在地	大分県大分市荷揚町 3-31
設計	磯崎新アトリエ
施工	後藤組
構造	鉄筋コンクリート造
階数	地下 1 階・地上 3 階
延べ面積	4342 ㎡（当初）
竣工	1966 年（昭和 41 年）
交通	JR 大分駅から徒歩 10 分

⬤北東から見る。かつての大分県医師会館からはこう見えた

　建築界で磯崎新の名前が広く知られるようになったのは、1966 年に完成したこの大分県立大分図書館からだ。雑誌発表時の名称は「大分図書館」。現在は大分市の「アートプラザ」となっている。

　敷地は出身地の大分市。本格建築第一作として 1960 年に完成した大分県医師会館の南側だ。医師会館完成後に発表した『プロセス・プランニング』論に基づき、連続する形を途中で「切断」した形。大きなかまぼこのような医師会館とは異なり、こちらは四角いマカロニのような中空梁が列をなして外部に飛び出す。室内は天井の高い階段状空間で、重なり合う中空梁の隙間から神々しく光が差す。竣工した 1966 年 5 月には、磯崎はまだ 35 歳だった。

　5 歳下の原広司は当時、これを絶賛し、こう書いた。「建物は有機体であって、完結するという状態はない。こうした矛盾した状態を認めてかかろうとするのが設計者（磯崎）のプロセスプランニング論で、そうした理論のもとに、完成しながら未完成の表現をもつデザインが生まれてきた」。

　磯崎はこの建築で初めての日本建築学会

賞を受賞した。

　県立図書館の新築移転に伴い解体が検討されたが、地元の建築家らの保存運動が実り、市民ギャラリーに転用。3 階では、磯崎建築に関する模型や資料などを、随時展示替えを行いながら常設展示している。

⬤自然光が差し込むエントランスホール。図書館時代は開架閲覧室だった

⬤3 階には磯崎新の展示室（無料）がある

誤解を恐れずに言えば、
ダサカッコいい。
一目見ただけで
「いい！」と思える
人は相当のセンス。

（遺跡）

丹下健三の建築にも見られる "転調造形"
を強調し、磯崎的美のルールも明確に示したのがこの建築だ。

磯崎の公式デビュー作である「大分
県医師会館」（1960年）は「豚の蚊
取り」と揶揄された（本人談）。

1960 大分県医師会館
（現存せず）

続く岩田学園やN邸（いず
れも1964年）もさほど
注目されず。

1964

岩田学園1号館

N邸

感度の高い人がようやく「いいかも」と
思えるところまでアジャストしたのが、
この「大分図書館」だ。

1966

この建築は日本建築
学会賞を受賞。それ
まで知る人ぞ知る
存在だった磯崎
が、一気にスター建
築家の仲間入り
を果たす。

この建築を味わうための重要なキーワードは「切断」。

大分県医師会館の完成後に発表した『プロセス・プランニング論』(1962年)で磯崎は、建築家が問われるのは永遠に続く建築の過程を「切断」することとした。

大分県医師会館

互いにそっぽを向く形でブツッと切断。

N

当時、注目されていた「メタボリズム」の建築家たちが「増殖」をテーマにしたのに対し、磯崎は"その瞬間で切る"方を重視した。似ているようでいて違う。厭世的?

───── 1998年、アートプラザへ ─────

大分県医師会館は1999年に解体された。図書館も解体の危機があったが、保存運動が実り、「アートプラザ」として再生を果たす。

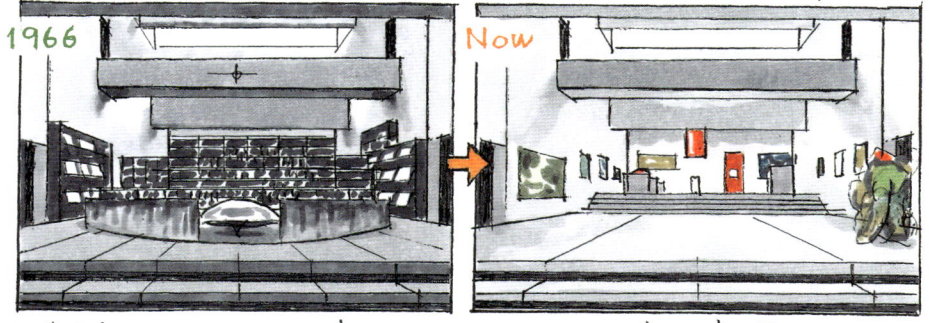

1966 Now

図書館とは思えぬ天井高にびっくり。これを35歳で実現したとは…。

立方体づくしで 2 度目の学会賞

群馬県立近代美術館

1974年

エントランスホールから展示室7
（山種記念館）の方向を見る

114

所在地	群馬県高崎市綿貫町992-1 群馬の森公園内
設計	磯崎新アトリエ＋環境計画※
施工	井上工業
構造	鉄筋コンクリート造
階数	地上2階・一部3階
延べ面積	7976㎡（当初）
竣工	1974年（昭和49年）
交通	JR高崎駅からバスで約30分、「群馬の森」下車

○ピロティ状の展示室7。本体に対して角度が22.5度振られている

※環境計画：磯崎新が大阪万博などに対応するため、一時的な目的で設立した会社。

「大分県立大分図書館」を1966年に完成させた後、「福岡相互銀行大分支店」（1967年）や「福岡相互銀行本店」（1971年）などの話題作をぽつぽつと発表してきた磯崎に、ビッグバンともいえる当たり年が訪れる。それは1974年。先陣を切ったのが「群馬県立近代美術館」だ。ブルーノ・タウトを支援したことでも知られる井上工業（高崎市）の井上房一郎の推薦により磯崎が設計者に選ばれたといわれる。

一辺12mの立方体フレームの連なりが建築の主要構造として、同時に空間の基本ユニットとして見え隠れする。その立方体はアルミパネルやガラスの小さな正方形で分割され、配置のずれを視覚的に強調する。雑誌発表時には、過去の自作に内包されていた立方体や正方形を解き明かしてみせ、立方体を「偏愛している」と書いた。

翌年、2度目の日本建築学会賞を受賞する。一方でこの年の華々しい活躍は若い世代の反発も買い、1975年、早稲田大学大学院生だった内藤廣は、『新建築』の「月評」欄に磯崎批判を寄稿。「磯崎さんのつくるものが意識的にせよ無意識にせよ、だんだん

と土のにおいから遠ざかって行くのは一体どういうわけだろう」と書いた。

1974年の完成後、何度か増築されている。変化するニーズへの対応を果たしながらも、幾何学的でシャープな見え方は50年たった今も変わっていない。

○エントランスのある東側の一角

○正方形のアルミパネル

磯崎新の1974年一。丹下健三にとって1964年がビッグ
バンの年であったように、磯崎はこの年、代表作となる3作を生み出す。
その先陣を切ったのが74年3月竣工の
「群馬県立近代美術館」である。
（開館は1974年10月）

築50年には
見えない…

建築家の石山修武はかつて「丹下健三のミケラ
ンジェロに対して、磯崎新はマルセル・
デュシャンなのである」と書いた。
なんてうまいこと言うんだ…。

ミケラン
ジェロ

デュシャン

丹下が黄金比という古典的な美のルールを重んじ
たのに対して、磯崎はこの建築の発表時、「立方体」への"偏愛"
を告白した。磯崎によれば…

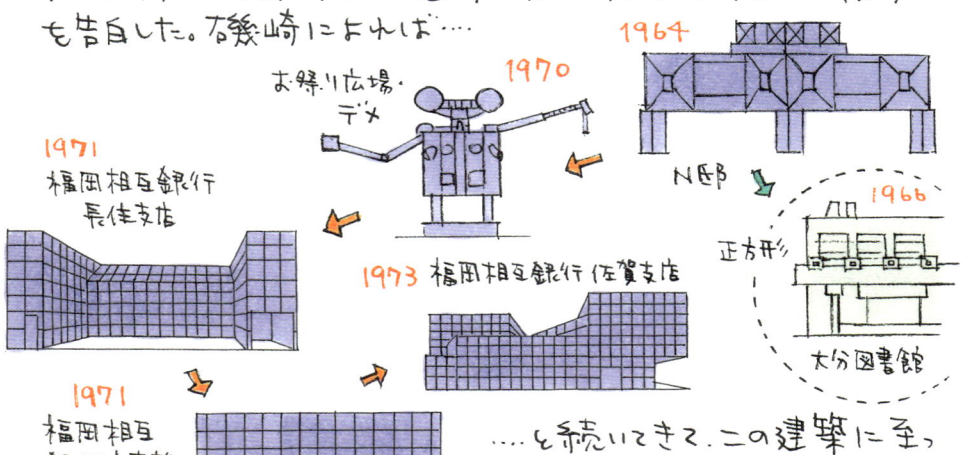

1964
N邸

1970
お祭り広場・
デメ

1971
福岡相互銀行
長住支店

1966
正方形
大分図書館

1973 福岡相互銀行 佐賀支店

1971
福岡相互
銀行六本松
支店

…と続いてきて、この建築に至っ
たという。確かに「偏愛」（本人の言葉）。

「立方体の枠が平坦地にころがっている。それだけの基本的な構造で美術館をつくりうるかという自問からこの計画はスタートした」。

磯崎はそう書く。ウソではないのだろうけれど。

「ころがす」だけでは、人の心は動かない。

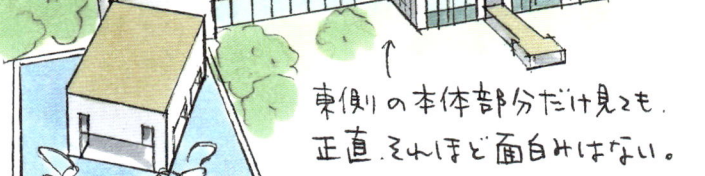

※水盤のワイヤー形式「うつろひ」(宮脇愛子作)は1992年に設置された

↑ 東側の本体部分だけ見ても、正直、それほど面白みはない。

↑ 肝は西側のこの部分(展示室7)。

本体とは22.5度振って動きを出し、1階をピロティにして動物っぽいカワイさも加える。

パグ?

さらに水盤の映り込みで、ゆらぎを与える。

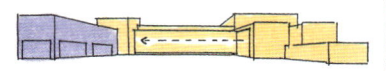

本体側の巨大な格子窓から見える景色も、22.5度のズレがあることで、俄然面白みが増す。

そして"ズレ"は後の磯崎の武器となっていく。

05

丘の上に突き出す直方体の筒

北九州市立美術館

1974年

北側の美術の森公園から見上げる　構造設計は木村俊彦

所在地 北九州市戸畑区西鞘ケ谷町 21-1

設計 北九州市、磯崎新アトリエ＋環境計画

施工 清水建設

構造 鉄筋コンクリート造・鉄骨造

階数 地下 2 階・地上 4 階

延べ面積 7864 ㎡

竣工 1974 年（昭和 49 年）

交通 JR 戸畑駅からバスで 25 分、JR 小倉駅からバスで 30 分

🔷 正面入り口の前から戸畑の街を見下ろす

　北九州市の戸畑区、八幡東区にまたがる丘の上に立つ北九州市立美術館。磯崎新が"立方体"の群馬県立近代美術館と同じ1974 年に完成させた。立方体をばらまいたような群馬に対し、こちらは小さな立方体を結集させ、斜面に張り出す 2 つの直方体の筒をつくった。地元では「丘の上の双眼鏡」とも呼ばれている。

　2 つの筒は長さ 60m。9.6m × 9.6m の正方形断面で、その筒を支える 4 本の支柱も同じ断面の正方形。これらだけを強調して見せ、他の部分はできるだけ斜面に埋めた。2 つの塔はそれが空洞であることを示すために、両端の中心にガラスをはめた。

　磯崎は敷地を見たときに、「尾根のうえに突出した量塊」がぼんやりと浮かんだと振り返る。設計過程では、「ほとんど全部の建物を中腹に埋め、頂部には何も現れない案」と、実現案の 2 案を検討したという。

　丘の上の立地なので地中に埋める案の方がアプローチに無理がなかったが、最終的には「この市にとって、視覚的にランドマークたりうるべき性格を与えよう」という判断で、2 本の筒になった。もし埋める案に

なっていたら、50 年後の今、残っていたのだろうか。少なくとも、映画などのロケに使われることはなかっただろう。

　1987 年には本館の東側に、市民ギャラリーなどを備えるアネックス棟が磯崎の設計で完成した。

🔷 エントランスから常設展示室に向かう階段

🔷 1987 年に増築されたアネックス棟の中庭

人の営みとは別次元のデザイン―。
そう感じさせるものが多い
磯崎新の建築の中でも、
最上位はこれだろう。

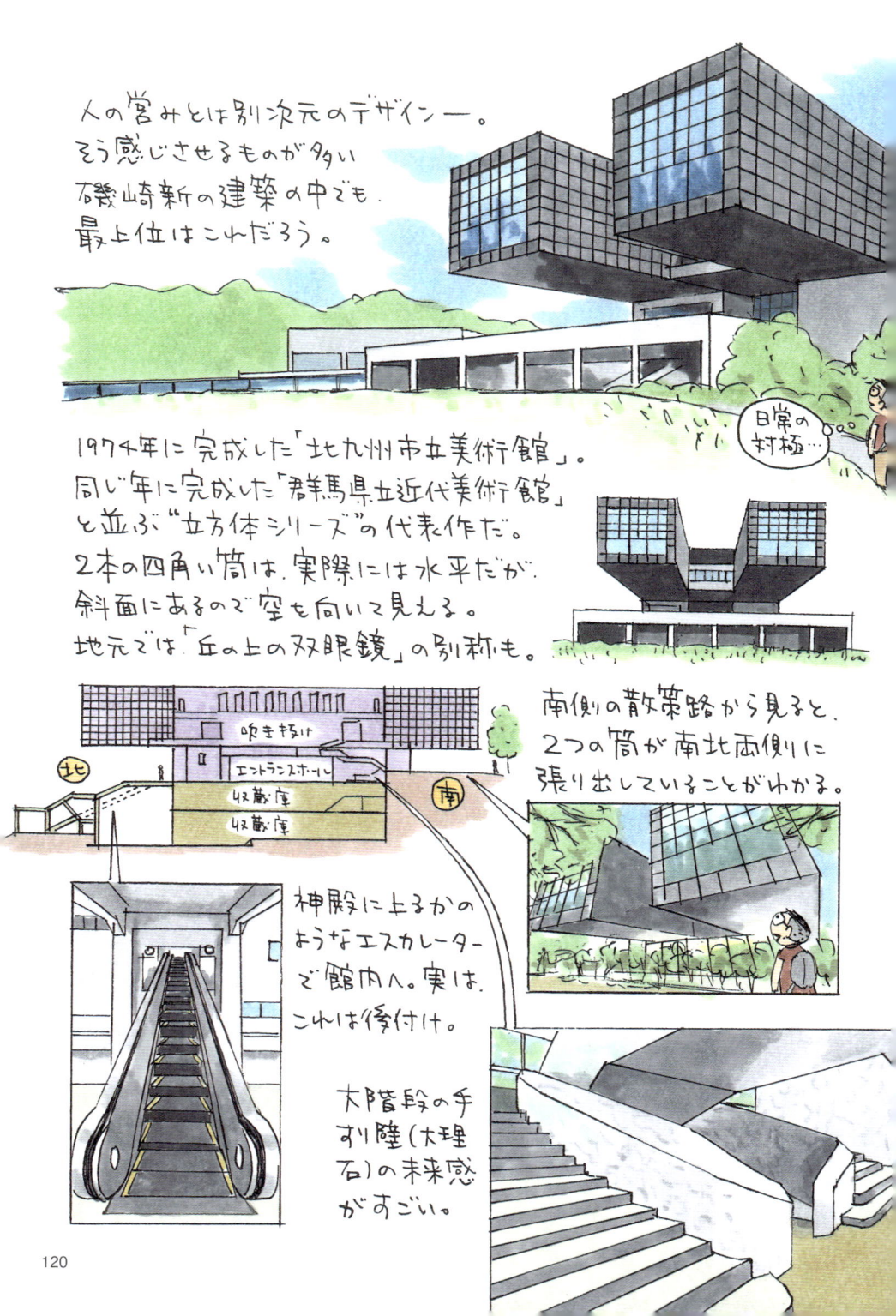

日常の
対極…

1974年に完成した「北九州市立美術館」。
同じ年に完成した「群馬県立近代美術館」
と並ぶ "立方体シリーズ" の代表作だ。
2本の四角い筒は、実際には水平だが、
斜面にあるので空を向いて見える。
地元では「丘の上の双眼鏡」の別称も。

南側の散策路から見ると、
2つの筒が南北両側に
張り出していることがわかる。

吹き抜け
エントランスホール
収蔵庫
収蔵庫
北
南

神殿に上るかの
ようなエスカレーター
で館内へ。実は、
これは後付け。

大階段の手
すり壁(大理
石)の未来感
がすごい。

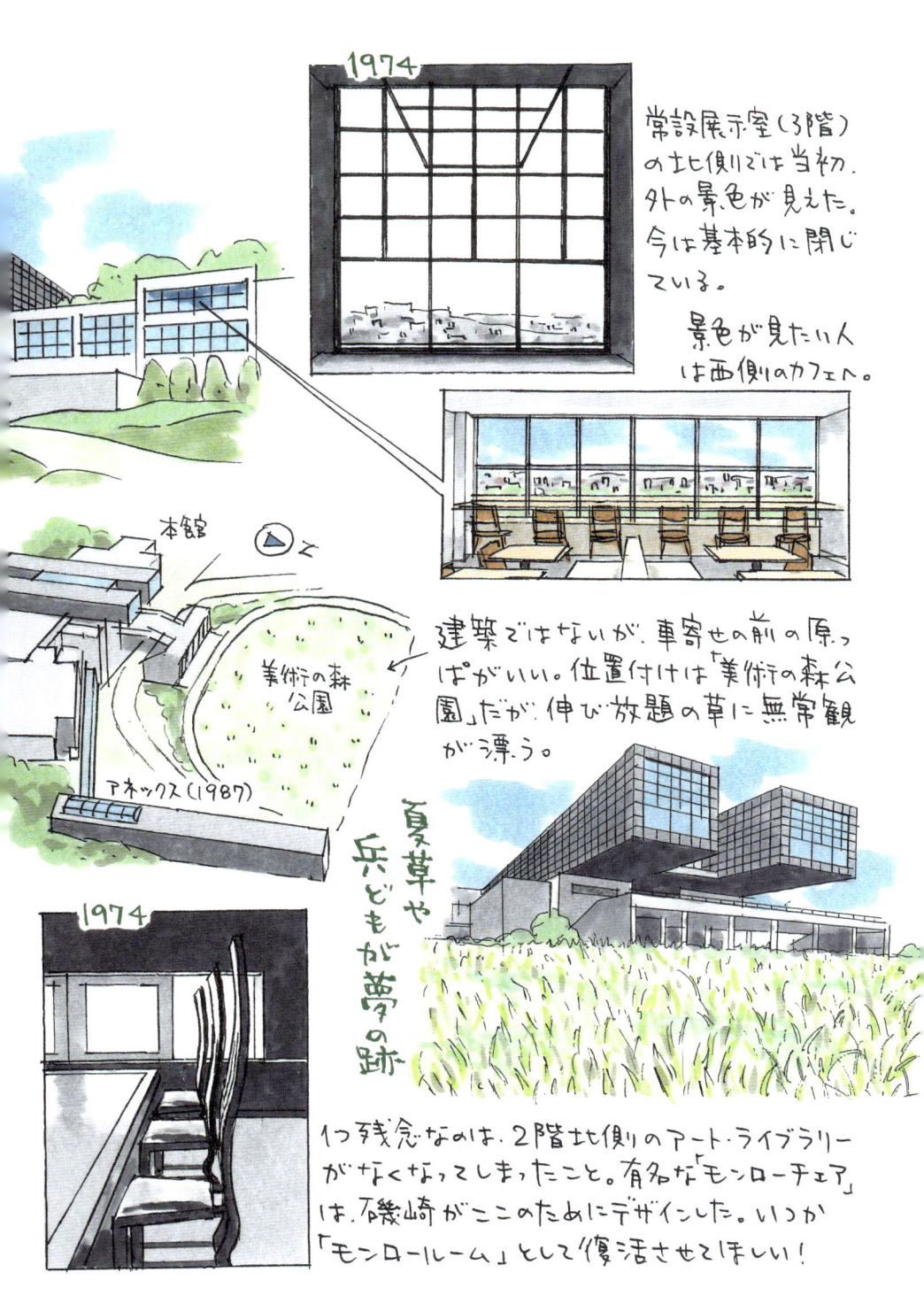

1974

常設展示室（3階）の北側では当初、外の景色が見えた。今は基本的に閉じている。

景色が見たい人は西側のカフェへ。

本館

N

美術の森公園

アネックス（1987）

建築ではないが、車寄せの前の原っぱがいい。位置付けは「美術の森公園」だが、伸び放題の草に無常観が漂う。

夏草や兵どもが夢の跡

1974

1つ残念なのは、2階北側のアート・ライブラリーがなくなってしまったこと。有名な「モンローチェア」は、磯崎がこのためにデザインした。いつか「モンロールーム」として復活させてほしい！

異質な外観と内部の心地よさ

北九州市立中央図書館

1974年

エントランスの吹き抜け。放射状に広がるプレキャストコンクリート
のアーチが美しい。構造設計は木村俊彦

所在地　福岡県北九州市小倉北
　　　　区城内 4-1
設計　　磯崎新アトリエ＋環境計画
施工　　奥村組
構造　　鉄筋コンクリート造
階数　　地下 2 階・地上 2 階・
　　　　塔屋 1 階
延べ面積　9212 ㎡
竣工　　1974 年（昭和 49 年）
交通　　JR 西小倉駅から徒歩約
　　　　10 分

⬤南東から見る。敷地が複雑に傾斜しており、こちら側は地下 1 階が地上に現れている

「北九州市立美術館」が戸畑区に完成した 1974 年の年末、小倉北区に「北九州市立中央図書館」が竣工。北九州は一気に現代建築の最先端都市となった。事業をリードしたのは市長の谷伍平。北九州市は 1963 年に門司、小倉、八幡、戸畑、若松の旧 5 市対等合併によって発足した。谷は二代目市長で、官僚から政治に転身し、北九州市長を 1967 年から 5 期 20 年にわたり務めた。九州・大分出身である磯崎に、初期の目玉プロジェクトを 2 つ任せた。

　当時の磯崎の忙しさを考えれば、似たデザインにしそうなものだが、全く違うものに挑む。ここでテーマにしたのは「ヴォールト」（アーチを伸ばした形）。上部が円弧を描く細長いチューブが 2 本、同じ起点から出発し、片方は途中で直角（北）に折れる。最後は両方がくるっと U ターンして「切断」される。この形を傾斜する敷地に水平に埋め込んだ。階段状の閲覧室はスロープで結ばれる。

　円弧状の屋根はプレキャストコンクリートの梁で支えられており、内部にリズムを与え、長さを強調する。外観は異質にも思えるが、中にいるとそんなことは微塵も感じず、心地よく読書に集中できる。

　北側のチューブの端部には、大きな円形のステンドグラスを設置して、「切断」を強調した。ここは当初、歴史博物館だったが現在は北九州市立文学館となっている。

⬤北から見た全景。手前のボリュームは文学館（当初は歴史博物館）で、奥が図書館

⬤閲覧室。西側（写真奥）に向かって階段状に上っていく。外からは気づきにくいが、ハイサイドライトがある

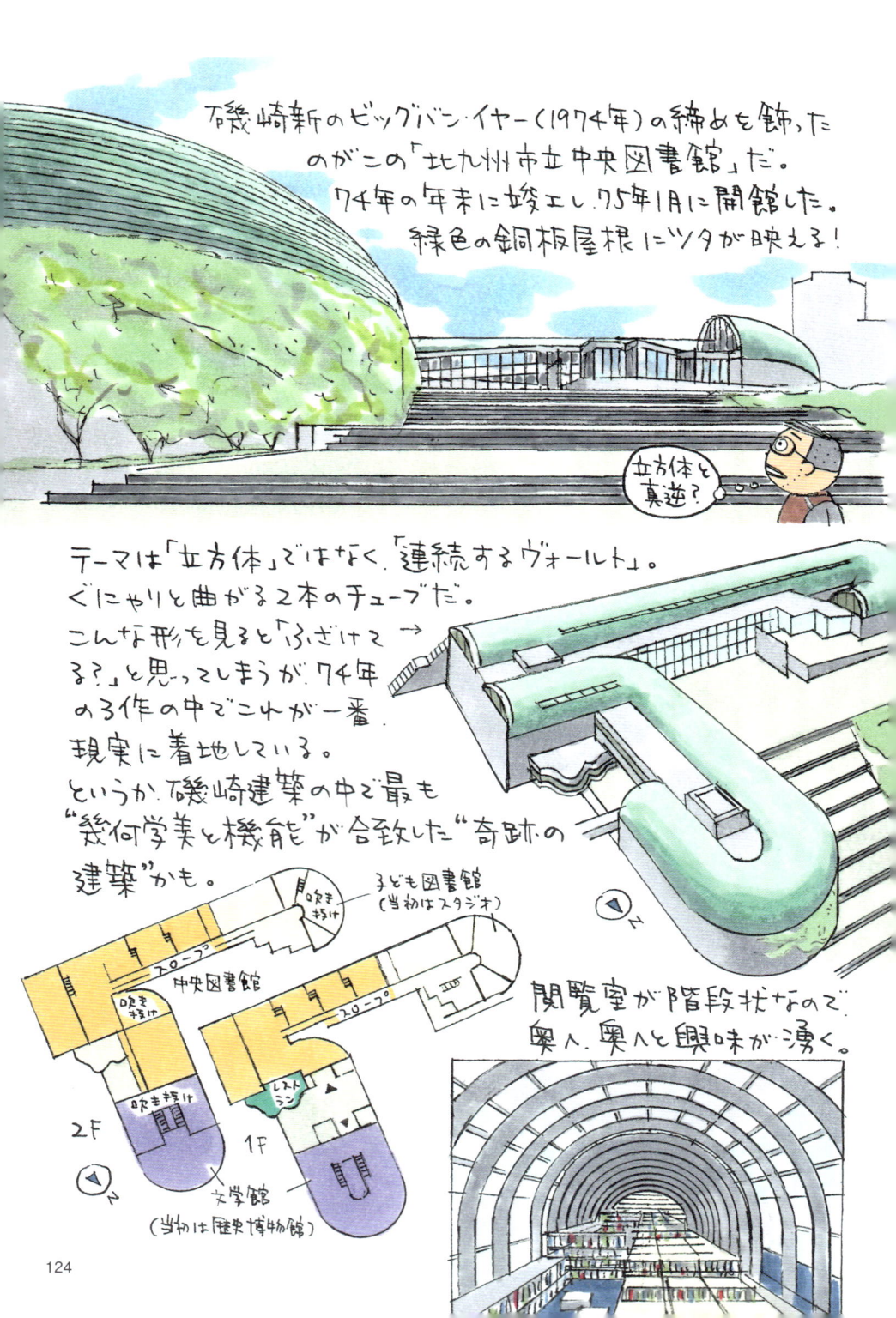

磯崎新のビッグバン・イヤー（1974年）の締めを飾ったのがこの「北九州市立中央図書館」だ。
74年の年末に竣工し、75年1月に開館した。
緑色の銅板屋根にツタが映える！

立方体と真逆？

テーマは「立方体」ではなく、「連続するヴォールト」。
ぐにゃりと曲がる2本のチューブだ。
こんな形を見ると「ふざけてる？」と思ってしまうが、74年の3作の中でこれが一番、現実に着地している。
というか、磯崎建築の中で最も"幾何学美と機能"が合致した"奇跡の建築"かも。

閲覧室が階段状なので、奥へ、奥へと興味が湧く。

吹き抜け

子ども図書館
（当初はスタジオ）

スロープ

中央図書館

吹き抜け

スロープ

N

2F

吹き抜け

レストラン

1F

N

文学館
（当初は歴史博物館）

本の搬出入のた
めに、北側にに
スロープがある。

閲覧室では、いつの間にか
半層上って、スロープで下りる。
気分が変わって楽しい。▶

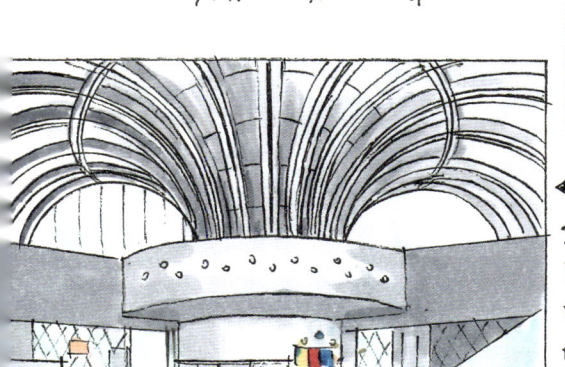

「ガウディ
みたい」

◀チューブが折り返す西端は
2層吹き抜け。梁の広がりが
熱帯の植物のよう。当初は
「スタジオ」だったが、現在は
「子ども図書館」。ほっこり。

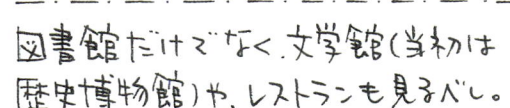

レストラン
文学館

図書館だけでなく、文学館（当初は
歴史博物館）や、レストランも見るべし。

おお、

◀文学館は見学ルートの最後に
曼荼羅のようなステンドグラス。

レストランの外壁のこのカーブは…。
そう。ここで「モンロー・カーブ」登場！

波に向かう吊り屋根の帆船

西日本総合展示場

屋根の上に突き出した柱。計16本の柱で梁を吊る

所在地　福岡県北九州市小倉北
　　　　区浅野 3-7-1
設計　　磯崎新アトリエ
施工　　鹿島建設
構造　　鉄筋コンクリート造
階数　　地上 2 階
延べ面積　1 万 1088 ㎡
竣工　　1977 年（昭和 52 年）
交通　　JR 小倉駅から徒歩約 5 分

◔北西側から見る。南北両側に、ケーブルが斜めに架かる広い空地がある

　新幹線・小倉駅の開業（1975 年）に伴って小倉港の一部が再開発されることになり、展示場の設計が磯崎新に依頼された。磯崎は 1974 年竣工の北九州市立美術館と北九州市立中央図書館、77 年竣工のこの西日本総合展示場と、立て続けに北九州市の目玉事業を完成させた。

　そんな仕事が続けば 3 つ目は大味になりそうなものだが、構造的には 3 つの中でも最も攻めている。構造設計は磯崎の盟友、川口衞（1932 〜 2019 年）だ。

　基本となるのは、斜張橋で目にする斜張構造。東西に長い四角形の南北両側に各 8 本（計 16 本）の柱を建て、そこからケーブルで梁を吊り、42.3m × 172.8m の無柱空間をつくり出した。通常のシンプル梁の場合と比べて梁せいは 5 分の 1。室内からは目を凝らさないと梁の存在がわからない。

　外側のケーブルは、外壁から 20m 以上離れた位置に着地している。エンジニアリングの大胆さとともに建築計画の大胆さに驚かされる。

　1990 年には道路を挟んだ東側、小倉港の護岸脇に磯崎の設計で北九州国際会議場が

完成した。帆船を思わせる展示場と呼応する形で、低層部の屋根が波のような形状になっている。波は展示場の軸線と直交しているが、建物の主要部は護岸の方向に合わせており、この 13 度のずれが複雑な変化を与えている。

◔内部にはストライプ状に自然光が入る

◔東側の北九州国際会議場（1990 年）

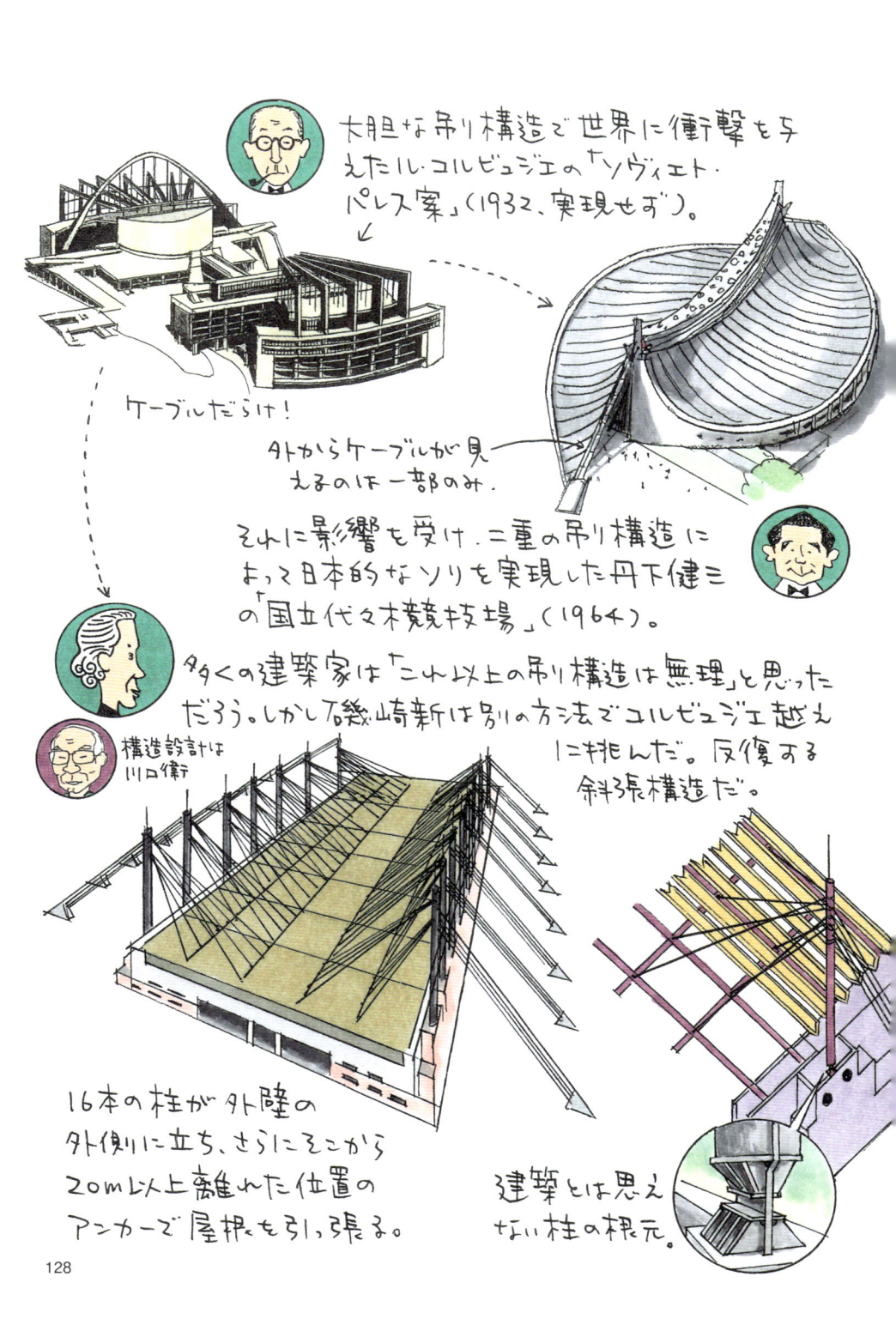

大胆な吊り構造で世界に衝撃を与えたル・コルビュジエの「ソヴィエト・パレス案」（1932、実現せず）。

ケーブルだらけ！

外からケーブルが見えるのは一部のみ。

それに影響を受け、二重の吊り構造によって日本的なソリを実現した丹下健三の「国立代々木競技場」（1964）。

多くの建築家は「これ以上の吊り構造は無理」と思っただろう。しかし磯崎新は別の方法でコルビュジエ越えに挑んだ。反復する斜張構造だ。

構造設計は川口衞

16本の柱が外陸の外側に立ち、さらにそこから20m以上離れた位置のアンカーで屋根を引っ張る。

建築とは思えない柱の根元。

室内にはストライプ状に天井から光が入る。上から見ると……

樹脂天窓

V字型PC屋根版

道路を挟んだ東側には1990年に「北九州国際会議場」が完成。

一見、「デザインが違いすぎ？」と思ってしまうが……

上から見ると、そうか「帆船と波」か！

帆船

波

でも、直観的にそれがわかる人は、ちょっといない。磯崎らしい"現代の地上絵"。

小倉港

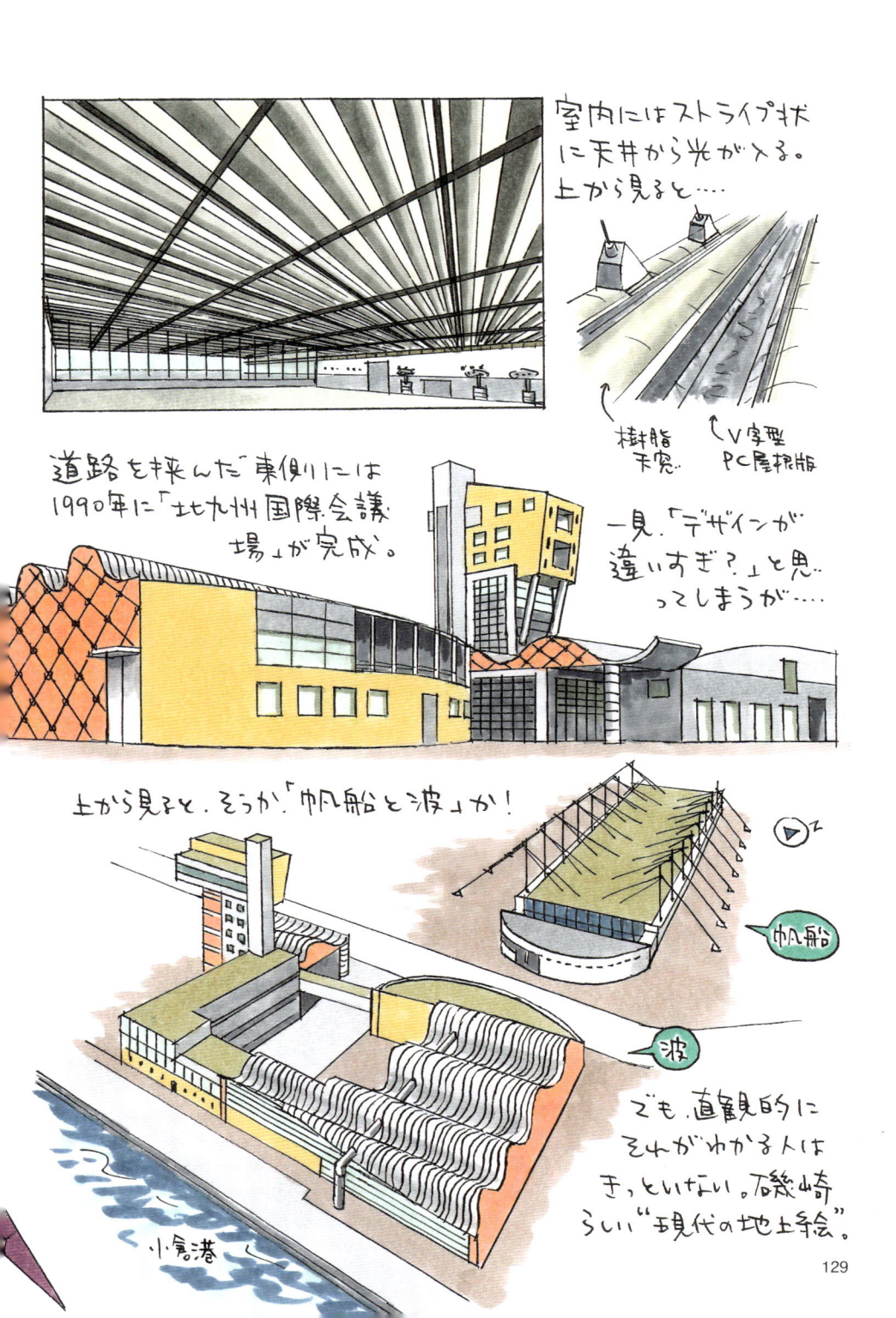

西側の広場から見た外観

「未知との遭遇」の異質さ
神岡町役場
〔現・飛騨市神岡振興事務所、神岡図書館〕

1978年

所在地	岐阜県飛騨市神岡町東町 378
設計	磯崎新アトリエ
施工	鹿島建設
構造	鉄筋コンクリート造
階数	地下 1 階・地上 5 階・塔屋 1 階
延べ面積	4307.253 ㎡
竣工	1978 年（昭和 53 年）
交通	JR 飛騨古川駅から車で約 40 分

△東側外観。エントランスホールの壁はモンローカーブ

　1978 年に岐阜県・神岡町に建てられた神岡町役場は、合併により現在は、飛騨市神岡振興事務所となっている。完成から 40 年以上たつが、UFO を思わせる"異質な輝き"は全く色あせていない。

　群馬県立近代美術館や北九州市立美術館（ともに 1974 年）から引き続いて、アルミパネルの正方形で外壁の大半が覆われている。しかし、ここでは形が複雑。直方体の西側に大きな円筒形が突き刺さり、その上に小さな円筒形が載る。エントランスホールのある東側は、北九州市立中央図書館（1974 年）でも用いたモンローカーブによって外壁を湾曲させた。

　上部の円筒形は議場で、下部の大きな円筒形は市民窓口のある執務室だった。下部の円筒形は現在、図書館になっている。2016 年に耐震改修を実施したタイミングで、飛騨市神岡図書館をここに移転した。

　竣工時、磯崎は「あたかも未知との遭遇にみられる宇宙船のよう」と書いている。映画『未知との遭遇』は役場が完成した 1978 年に日本で公開された。古典に倣う磯崎が最新のカルチャーを例に取るのは珍しい。

　ちなみに、神岡鉱山の地下 1000m に素粒子観測施設「カミオカンデ」が完成したのは役場完成の 5 年後の 1983 年。その 4 年後に、超新星爆発によるニュートリノが飛来し、ノーベル物理学賞に結びつく。磯崎は宇宙とのつながりを予見していたのだろうか。

△4 階の議場。今もきれいで驚く

△1 階の円形部分は耐震補強を機に図書館に改修された

街並みに対して異質な建築を「UFO」に例えることがある。建築家は嫌がりそうな例えだが、磯崎新はこの建築を自ら「未知との遭遇にみられる宇宙船」と評する。

映画「未知との遭遇」(1978年日本公開)

飛騨市の「神岡町役場(現・神岡振興事務所)(1978)だ。

磯崎は他にも「人間的なスケールが排除され」「冷たく、とりつきにくい」「非人間的」とボロカスに言う。

町章を模した、とも。

モンローカーブ

▲
N

異質ではあるけれど、そこまで冷たくないぞ……。 ▼エントランスホール

1階の事務スペースは図書館に改修されている。ガラスブロックから柔らかい光が入り、もともと図書館であったかのようにしっくり。

コンセプト図（模型）

4階の議場には、まるで未知との遭遇のような幻想的な光が……。今は使われていない議場がこんなにきれいであることに、職員の愛を感じる。

磯崎が異質さを強調したのは、「自らの形態言語によって語りかける」建築を目指すためだった。そうして生まれた異質な建築は今も大事にされている。すべては磯崎の狙い通り？

ところで神岡町といえばノーベル賞に結びついたカミオカンデも思い出す。完成は庁舎の5年後。宇宙に近い場所？

磯崎新
09

見る者の歴史知識を試す問題集
つくばセンタービル

1983年

広場（フォーラム）から北側の高層棟（ホテル）を見る

所在地	茨城県つくば市吾妻 1-10-1
設計	磯崎新アトリエ
施工	戸田・飛島・大木・株木建設共同企業体
構造	鉄骨鉄筋コンクリート造・鉄筋コンクリート造・鉄骨造
階数	地下 2 階・地上 12 階・塔屋 2 階
延べ面積	3 万 2902 ㎡
竣工	1983 年（昭和 58 年）
交通	つくばエクスプレス・つくば駅から徒歩 3 分

🔵 広場の西側から見る。ホテルの前の青っぽい立方体は宴会場

つくばセンタービルは筑波研究学園都市センター地区の中核施設として、1983 年に完成した。住宅・都市整備公団（現・都市再生機構）が整備したホテル、飲食施設、銀行、音楽ホール（ノバホール）などから成る複合施設だ。延べ面積は 3 万㎡超で、磯崎新の建築の中でも最大級。

建物は L 字形に並び、2 階レベルのペデストリアンデッキでつながる。それに囲まれる形で 1 階に広場（フォーラム）がある。

外壁には、群馬県立近代美術館（1974 年）などで使われた立方体（もしくは正方形）のモチーフが繰り返される。それに加えて重視されたのは、歴史様式の「引用」。すぐに目につくのは、楕円形の広場の床に描かれた花のような模様。これはミケランジェロが設計したローマの「カンピドリオ広場」（16 世紀半ば）を引用したものだ。ただし、床パターンは白黒が反転されている。カンピドリオ広場は丘の上にあるが、こちらはペデストリアンデッキから 1 層下に下りるという断面上のひねりもある。

建物部分も近寄って見ると、要所にギザギザ（円柱と角柱を交互に積んだ形）の柱

が立つ。これは、新古典主義の建築家、クロード・ニコラ・ルドゥーによる「ショーの製塩工場」（1779 年）の鋸状柱の引用だ。室内にもさまざまな西洋建築の意匠が採り入れられており、まるで西洋建築史の問題集のようだ。

🔵 広場をペデストリアンデッキから見下ろす。左奥の斜面がカスケード

🔵 ノバホールのホワイエ

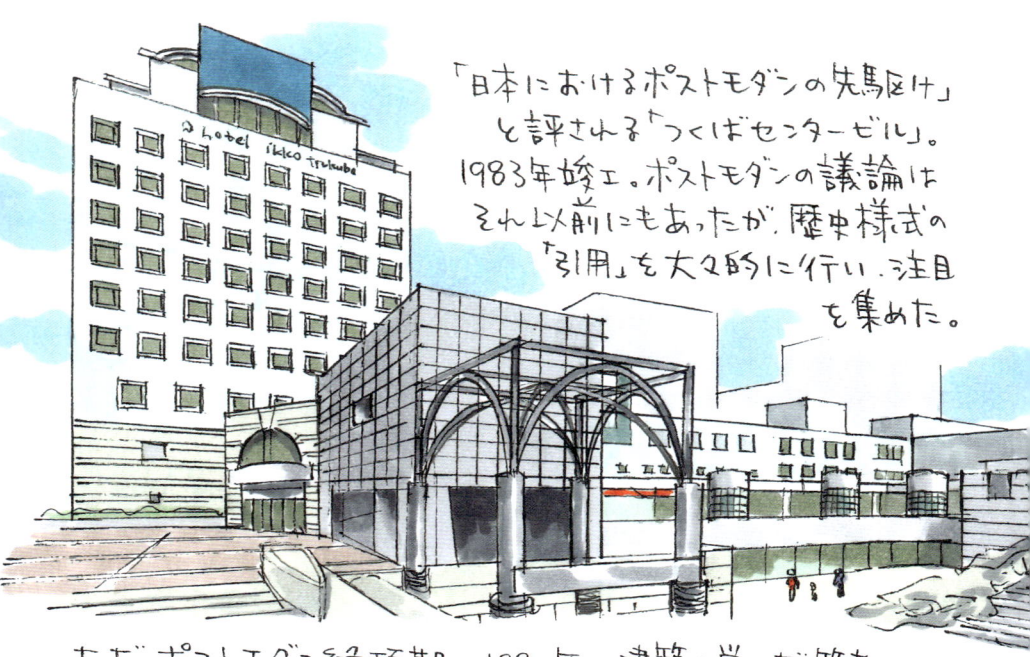

「日本におけるポストモダンの先駆け」
と評される「つくばセンタービル」。
1983年竣工。ポストモダンの議論は
それ以前にもあったが、歴史様式の
「引用」を大々的に行い、注目
を集めた。

ただ、ポストモダン絶頂期の1990年に建築を学んだ筆者は、この
建築を初めて見た時、「あれ、意外に普通…」と思った。
それこそが "磯崎流ポストモダン" の特徴で、このビルも
さまざまな「引用」に気づかなければ、大都
市によくある複合
施設に見える。

見に行くならば、最低限、
3つの歴史知識を知っておきたい。

1 古典様式の立面は 3段構成。

高層部は神岡町役場に似ているが、3段構成になぞらえる新機軸。

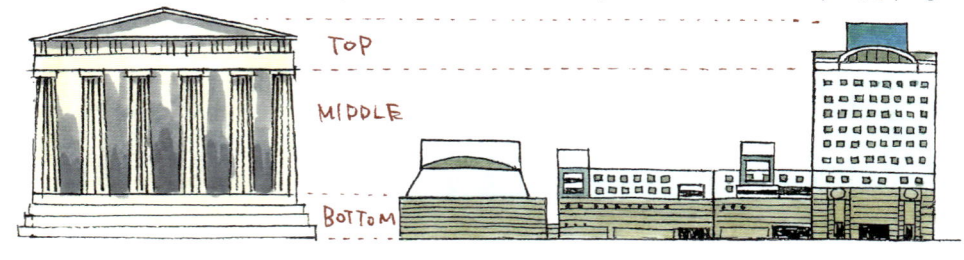

2 ローマの**カンピドリオ広場**はミケランジェロの設計。

若き日の丹下健三が賞賛したミケランジェロ。そのデザインを磯崎は、つくばの広場に引用した。

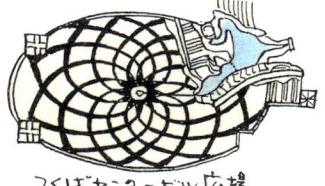

1475
-1564

ただし、ネガポジを反転した"ひねった引用"。師・丹下とのねじれた関係性の表れ？

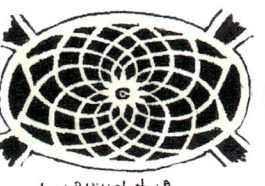

カンピドリオ広場　　　つくばセンタービル広場

3 フランス革命期に**ルドゥー**という建築家がいた。

 ← 左の肖像

磯崎が評価した新古典主義の建築家、クロード・ニコラ・ルドゥー。幾何学を重視し、「幻視の建築家」とも呼ばれる。

1736-1806

ルドゥーが実作に用いた"鋸状柱"を、磯崎はホールの入口などにわかりやすく引用した。ひねりのなさはルドゥーへの敬意・？

ショーの製塩工場
（フランス、1779、
世界遺産）

「ひねり」ということで言えば、広場のカスケード。磯崎自身は説明していないようだが、上から見ると、「霞ケ浦」！

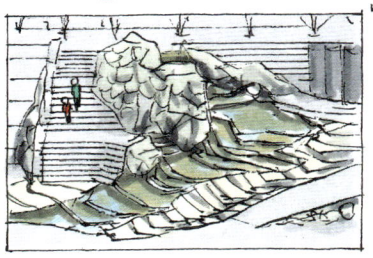

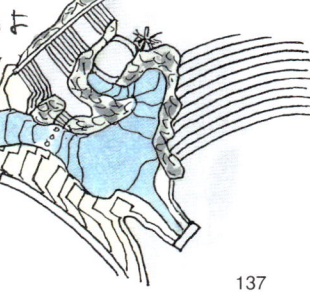

このひねりはウイット？照れ？

所在地	兵庫県西脇市上比延町 345-1
設計	磯崎新アトリエ
施工	大林組
構造	鉄筋コンクリート造
階数	地上2階
延べ面積	396.36㎡
竣工	1984年（昭和59年）
交通	JR加古川線・日本へそ公園駅下車すぐ

🔵 JR日本へそ公園駅（写真右）から見た外観。駅は開館翌年の1985年に開業

　西脇市岡之山美術館は、日本の標準時間を定める東経135度と、日本の南北の中央を横切る北緯35度の交点がある「日本へそ公園」にある。西脇市生まれの美術家・横尾忠則の作品収集と個展開催をメインとして1984年に開館。2013年からは現代美術全般も扱う場となっている。

　ポストモダンの先駆けとされる「つくばセンタービル」（前ページ）の翌年竣工ということもあり、誰が見てもポストモダン。しかし、一列に並ぶ3つのギャラリー内は、意外に普通の白い箱だ。磯崎は、ギャラリーはニュートラルなものとし、それをつなぐ前室部分で「このアーティスト（横尾忠則）に対する解釈を、そのままデザイン」したと語る。前室のガラスブロックの床は、建築家の青木淳が、磯崎新アトリエに入所して最初に設計したものだ。

　美術館の南側には「にしわき経緯度地球科学館（テラ・ドーム）」がある。これは毛綱毅曠の設計で1992年に竣工した地球・宇宙をテーマにした科学館。併せて見たい。

🔵 ギャラリーの前室（2階）は、年代ごとの横尾忠則の作品イメージを基にデザインされた。この写真は前期作品のための前室。当初は1本のシュロの木が1階の水庭に植えられ、吹き抜けを貫いていた

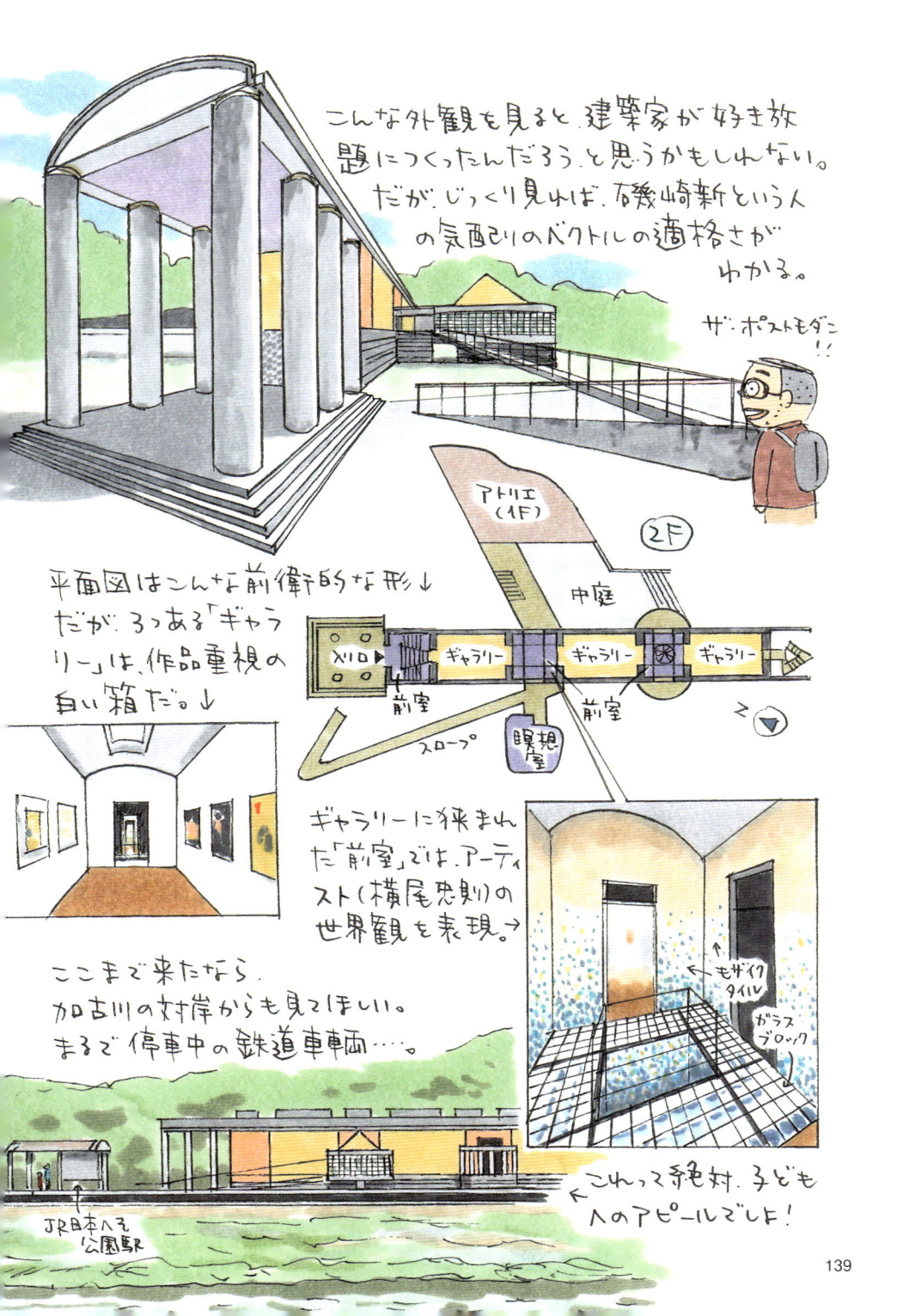

こんな外観を見ると、建築家が好き放題につくったんだろう、と思うかもしれない。だが、じっくり見れば、磯崎新という人の気配りのベクトルの適格さがわかる。

ザ・ポストモダン！！

平面図はこんな前衛的な形↓だが、3つある「ギャラリー」は、作品重視の白い箱だ。↓

アトリエ（1F）

2F

中庭

ギャラリー ギャラリー ギャラリー

メゾ□

前室

前室

N

スロープ

瞑想室

ギャラリーに挟まれた「前室」では、アーティスト（横尾忠則）の世界観を表現。→

モザイクタイル

ガラスブロック

ここまで来たなら、加古川の対岸からも見てほしい。まるで停車中の鉄道車両……。

JR日本へそ公園駅

これって絶対、子どもへのアピールでしょ！

139

所在地　東京都千代田区神田駿
　　　　河台 1-6-27
設計　　磯崎新アトリエ
施工　　大林組・日本国土開発共
　　　　同企業体
構造　　鉄骨鉄筋コンクリート造
階数　　地下 3 階・地上 13 階
延べ面積　2 万 2231.92 ㎡
竣工　　1987 年（昭和 62 年）
交通　　JR 御茶ノ水駅から徒歩約
　　　　5 分、東京メトロ・新御茶
　　　　ノ水駅から徒歩約 4 分（見
　　　　学は外観のみ）

🔵西側から見た全景。手前の 2 棟は旧主婦の友社ビルを復元したもの

　お茶の水スクエア A 館は、旧主婦の友社ビル（1925 年竣工、設計：ウィリアム・メレル・ヴォーリズ）の跡地に、主婦の友社の子会社であるお茶の水スクエアが磯崎新の設計で 1987 年に建設した。かつては A、B、C 館の 3 棟で構成されたが、B 館と C 館（磯崎の設計ではない）は取り壊されて日本大学病院となっている。A 館は日本大学理工学部一部校舎として使われている。

　当初は既存ビルの壁面を全面的に保存するべく部分的な解体に着手した。だが、風化が激しく、いったん解体した後に使用可能な要素を再利用し、他は原設計図に忠実に復元することに。旧館の復元を前提としながらも、高層棟などの新築部をそれになじませようとしないのが磯崎らしい。雑誌発表時には「私がウィリアム・ヴォーリズの装飾的ファサードに加えたのは、意図的な断絶であり、落差である」と記した。

　高層棟の背後（東側）には音楽ファンに評価の高い「カザルスホール」がある（2024 年末時点では休館中）。

🔵復元部をまたぐ形でアーチを架けた「ステージ」という名のアプローチ

🔵高層棟上部。磯崎自身は「断絶」と表現するが、ポツ窓や円柱は古典主義的

かつて「主婦の友社」はこんなふうに→
立っていた。1925年（大正14年）竣工、
設計はW.M.ヴォーリズ。

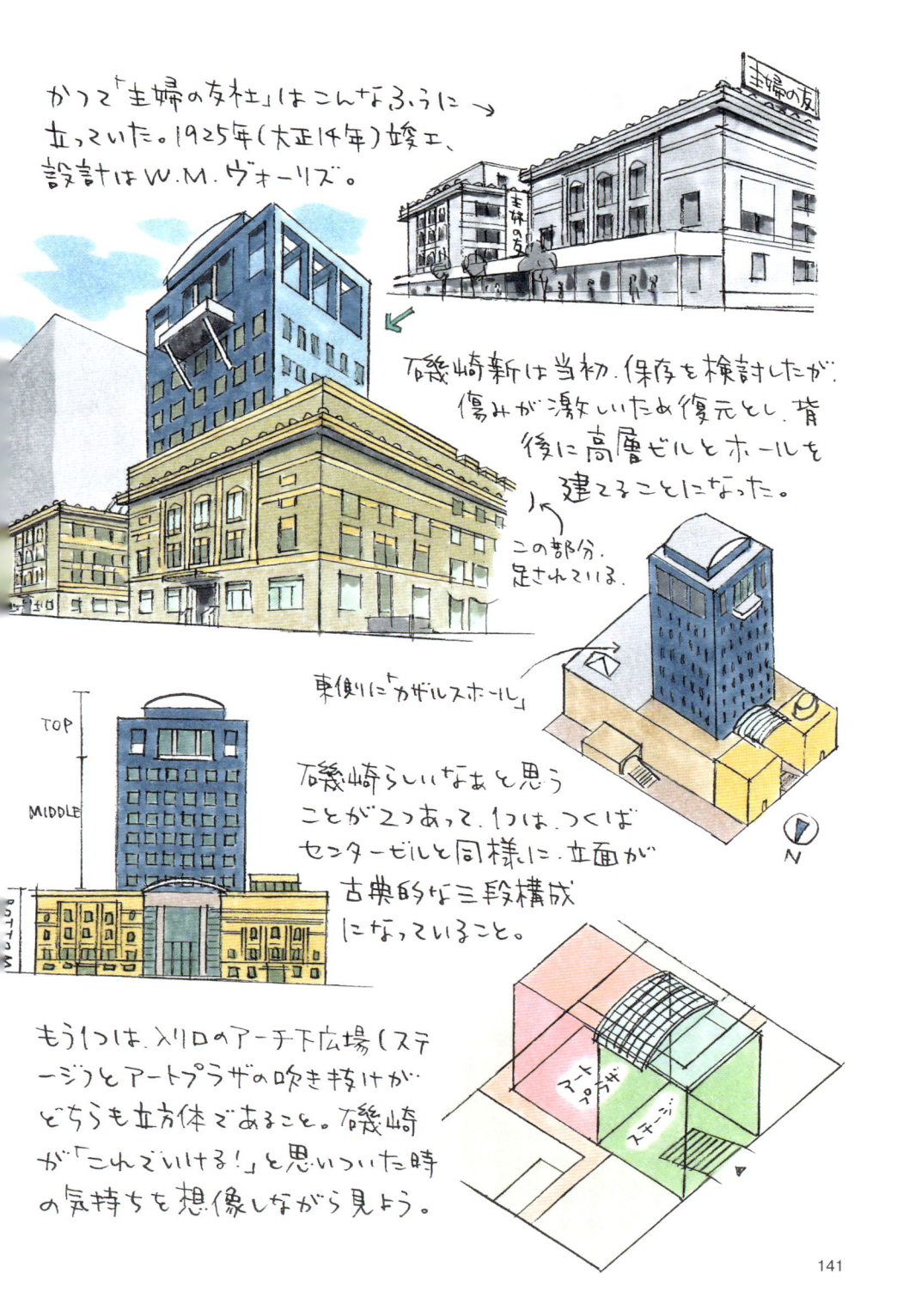

磯崎新は当初、保存を検討したが、
傷みが激しいため復元とし、背
後に高層ビルとホールを
建てることになった。

この部分、
足されている。

東側に「カザルスホール」

磯崎らしいなぁと思う
ことが2つあって、1つは、つくば
センタービルと同様に、立面が
古典的な三段構成
になっていること。

TOP

MIDDLE

BOTTOM

N

アートプラザ

ステージ

もう1つは、入り口のアーチ下広場（ステ
ージ）とアートプラザの吹き抜けが、
どちらも立方体であること。磯崎
が「これでいける!」と思いついた時
の気持ちも想像しながら見よう。

12 心をほぐす緑と黒の風景

ハラ ミュージアム アーク

1988年

（現・原美術館 ARC）

磯崎新の妻である宮脇愛子の作品「うつろひ '89 カシオペア」（1989 年）越しに美術館を見る

所在地 群馬県渋川市金井
2855-1
設計 磯崎新アトリエ
施工 井上工業（旧棟）、
鹿島建設（増築棟）
構造 木造枠組工法（旧棟）、木
造一部 RC 造（増築棟）
階数 地下 1 階、地上 1 階
延べ面積 2675.48 ㎡
（増築前 865.56 ㎡）
竣工 1988 年（旧棟）、
2008 年（増築棟）
交通 JR 渋川駅からバスでグリー
ン牧場前下車、徒歩 7 分

🔵 メインの入り口がある南側外観。左側が第 1 期、右が 2008 年の増築部

実業家の原俊夫は、1979 年に現代美術専門の美術館の先駆けとされる「原美術館」を東京都品川区に開館した。その 9 年後の 1988 年、群馬県渋川市に磯崎新の設計による別館「ハラ ミュージアム アーク」を開設する。アークは運営母体の財団名「アルカンシエール／ Arc-en Ciel（虹）」から取ったもので、アートセンターの意味も含まれる。東京の原美術館は、2021 年に活動を終え、原美術館とハラ ミュージアム アークを統合して、渋川市の施設「原美術館 ARC」としてリニューアルオープンした。

現地に足を運ぶと、まずはゆったりとしたランドスケープに緊張感がほぐれる。芝生の中に黒い彫刻群のように木造平屋の建物がちらばる。地形全体を考えて一気に整備したものに思えるが、実は、磯崎が悩みながら段階的につくり上げたものだ。

第 1 期は西に向かって Y 字に開く部分だけで、延べ面積はわずか 865 ㎡だった。3 年後、その南東側に別棟のカフェが磯崎の設計で完成。しかし開館 20 年目、2008 年の大規模増築ではこのカフェを取り壊し、1 期の東側に南北に細長く伸びる形で収蔵

庫や管理部門を加えた。北東にちょこんと飛び出すのは特別展示室「観海庵」だ。

新しいカフェは、その対角の南西側の斜面から美術館を見下ろす。景色を見ながら長い距離を歩かせる配置に、都心にはないぜいたくさを感じる。

🔵 上り斜面に向かって開く第 1 期を別棟のカフェの方向から見る

🔵 東側の斜面を見下ろしながら特別展示室「観海庵」に向かう

日本のランドスケープの傑作だと筆者は思う。磯崎建築としては2つの点に注目したい。

さわやか…

① 増築の葛藤と決断。

1988年に開館した時には、西側のこの部分だけだった。

今考えると、よくここだけでお客さんが来たなぁ…。

メインの入口はステージ（西）側だった。

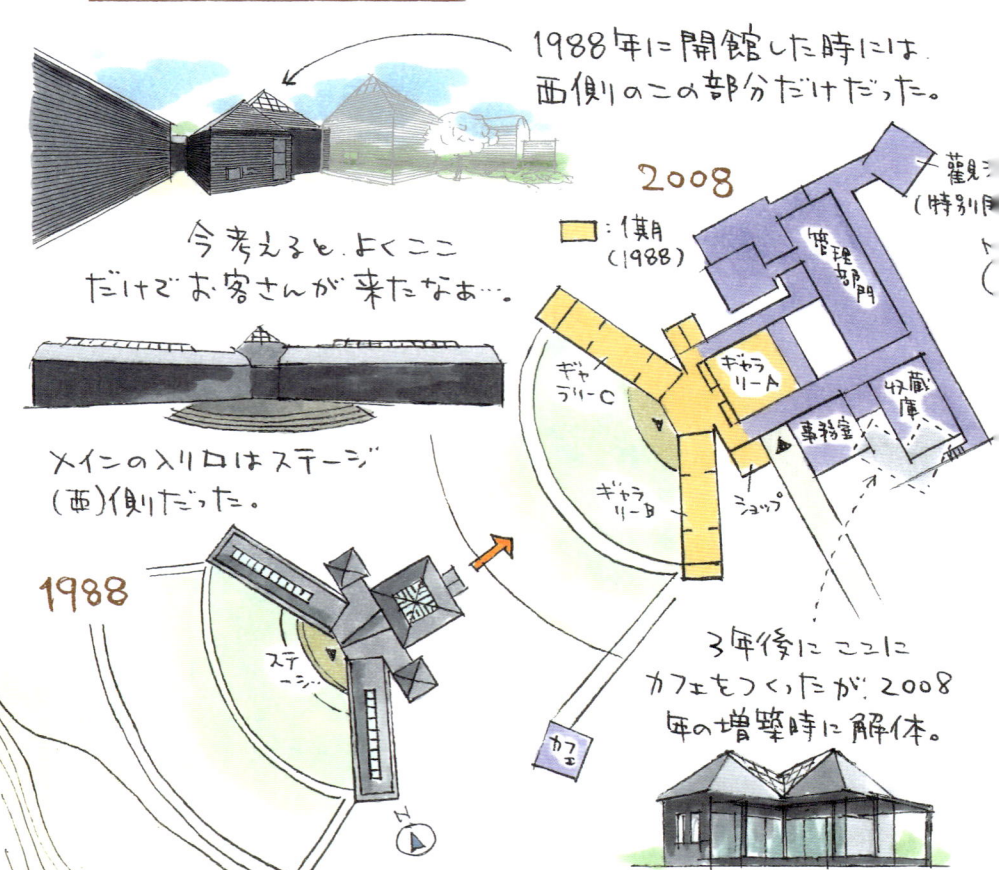

1988

ステージ

2008

□：1期（1988）

観（特別

管理部門

ギャラリーA

ギャラリーC

収蔵庫

事務室

ギャラリーB

ショップ

カフェ

3年後にここにカフェもつくったが、2008年の増築時に解体。

2008年、東側に大規模に増築され、
どこから見ても絵
になる形に。

一度つくったカフェを
壊してまで東側に
細長く増築したのは、
この見え方がほしか→
たからだろう。

映える

② 木造であること。

1期はすべて木造。増築
部も一部を除いて木造だ。
これはオーナーが木材ビジ
ネスに関わっていたため。

▲ ギャラリーA
ギャラリーB.C ▷

◀ 外壁の
下見板張り

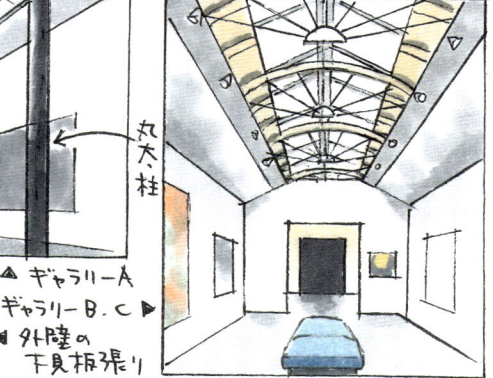
丸太柱

木造という枷をはめられたことで、
磯崎の建築に"柔らかい幾何学"
という武器が加わった。磯崎の
木造シリーズ、筆者はかなり好き。

ねじれる塔は "次" への宣言

水戸芸術館

1990年

カスケード越しに塔を見る。水戸市政100年を記念し、高さ100mとした。構造設計は木村俊彦

所在地	茨城県水戸市五軒町 1-6-8
設計	磯崎新アトリエ、三上建築事務所
施工	鹿島建設ほか JV（芸術館）、大成建設ほか JV（塔、広場）
構造	RC 造・SRC 造（芸術館）、鉄骨造（塔）
階数	地下 2 階・地上 4 階
延べ面積	2 万 2432 ㎡
竣工	1990 年（平成 2 年）
交通	JR 水戸駅からバスで約 5 分、徒歩2分

△広場の南側からの全景。正面が現代美術ギャラリー、左側にコンサートホールと劇場

　本書で最北にある建築がこの「水戸芸術館」だ。丹下健三も磯崎新も西日本の出身であるためか、北日本には主要な建築を残していない。磯崎新アトリエOBの渡辺真理によれば、この施設のプロポーザル段階ではほとんど取る意欲がなかったという。磯崎のギアが上がったのは、プロポーザルで選ばれた後、水戸市長や初代館長となる吉田秀和（音楽評論家）らの力の入れようを知ってからだったと、設計担当だった青木淳も述懐している。

　水戸市制 100 周年を記念して計画された。磯崎は彫刻家ブランクーシの作品「無限柱」をヒントに、正四面体を積み重ねた高さ 100 mの塔を建てた。その足下には正方形の広場、南に門柱のような 3 本のケヤキ、北に「水戸」の地名の由来を形象化したカスケードを置いた。広場を囲むように、現代美術ギャラリー、コンサートホール、劇場がある。

　デザインに具象的な引用は見当たらず、幾何学に徹する。磯崎は雑誌発表時、こう書いた。「アイロニーが〈つくば〉の場合には十分に作動しなかったのではないか、とい

う反省をしていた。同時にパスティーシュ（寄せ集め）をつくり出すことがアイロニーに直結することにも無理がある、と考えていた」。歴史引用からの卒業を宣言するような文章で、当時、「はしごを外された」と感じた建築家も多かったようだ。

△塔の上にある展望室

△パイプオルガンのあるエントランスホール

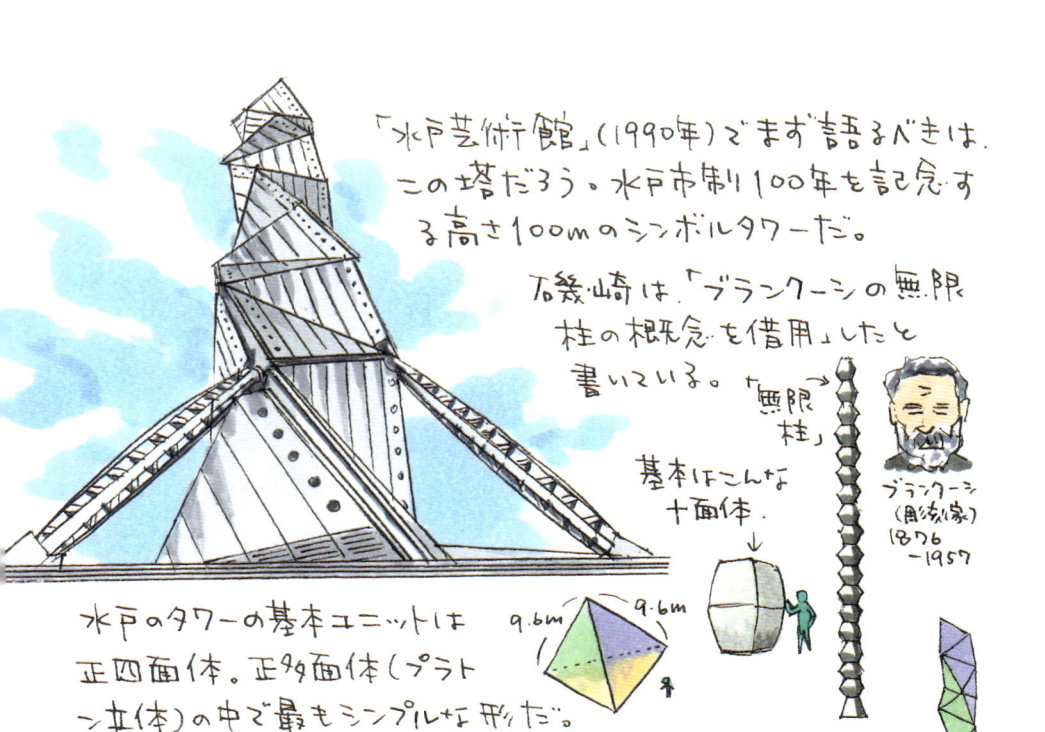

「水戸芸術館」(1990年)でまず語るべきは、この塔だろう。水戸市制100年を記念する高さ100mのシンボルタワーだ。

石幾﨑は「ブランクーシの無限柱の概念を借用」したと書いている。

→「無限柱」

ブランクーシ
(彫刻家)
1876
-1957

基本はこんな十面体.
↓

9.6m　9.6m

水戸のタワーの基本ユニットは正四面体。正多面体(プラトン立体)の中で最もシンプルな形だ。
そこからこれを考えるって天才？と思ってしまうが、アイデアの元ネタはバックミンスター・フラーが考えたものであることを後に明かしている。

ワタシデス!
1895
-1983

筆者がすごいなと思うのは、この「ねじれた形の中にエレベーターが通せる」と気づいた空間認識力。

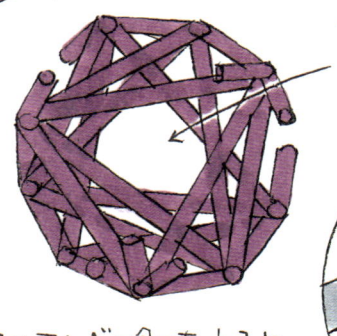

構造図を見ると、そのスペースはたったこれだけ。

狭っ

窓小さっ

そのエレベーターを上ると、おそらく日本で最も下が見にくい展望室がある。

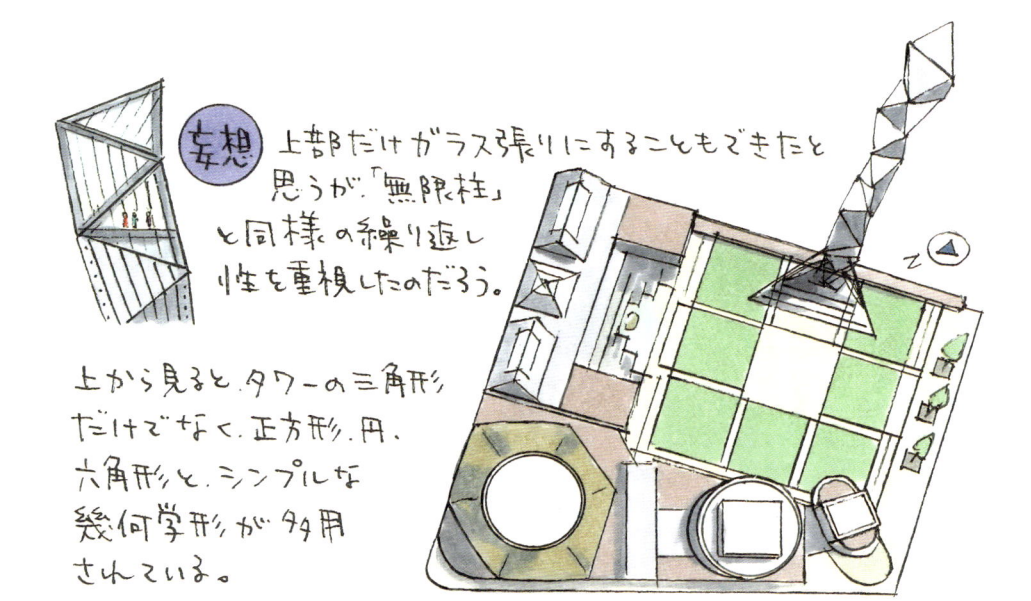

妄想 上部だけガラス張りにすることもできたと思うが、「無限柱」と同様の繰り返し性を重視したのだろう。

上から見ると、タワーの三角形だけでなく、正方形、円、六角形と、シンプルな幾何学形が多用されている。

磯崎は完成時、"歴史引用からの卒業"を示唆するような文章を書いた。「つくばセンタービル」（1983年）では問題集のように盛り込んでいた引用がパタリとなくなり、再び幾何学が主張を強める。

例えば、エントランスホール。シンプルで美しいけんど、なんだかちょっとさびしい気も…。

あっ、正四面体！

広場のアイコンは、吊るした巨岩に水がザブザブかかるカスケード。公式には「水戸」の"水"の象徴とのこと。これを「浮かれ過ぎた自らのデザインを冷やして凝縮させる戒め」と見るのは、深読みのし過ぎ？

所在地	大分県由布市湯布院町川北 8-2
設計	磯崎新アトリエ
施工	大林組
構造	木造枠組み壁工法
階数	地上 1 階
延べ面積	372.6 ㎡
竣工	1990 年（平成 2 年）
交通	JR 九州久大本線・由布院駅

⬤北から見る。南側（写真奥）が増築され、左右対称になった

　老朽化した旧駅舎を JR 九州と町の合同事業として 1990 年に建て替えたもの。搭状のコンコースの北側に、イベントホールを兼ねた待合室がある。

　全体が木造で、枠組み壁工法でつくられている。外壁は黒塗りの下見板張りなので、ハラミュージアムアーク（1988 年、142 ページ）と印象が似ているが、こちらは屋根がボールト（アーチを伸ばした形）。コンコースは高さ 12m の吹き抜けで、2 つのボールトが直角に交わるクロスボールト屋根だ。壁は上部がガラス張りとなっているため、クロスボールトの天井が外からも見える。

　当初はコンコースが中心よりもやや南側にある非対称配置だったが、南側隣地に「由布市ツーリストインフォメーションセンター」（2018 年）が建設された際、同じ坂茂の設計で駅舎の南側にトイレなどが増築され、左右対称形になった。坂は磯崎新アトリエの出身。インフォメーションセンターの特徴的な木造架構は、駅舎のクロスボールトからヒントを得たという。

⬤コンコース見上げ（写真：右も長井美暁）

⬤イベントホールを兼ねた待合室

由布院駅舎は、「磯崎新も神ではなく、人の子なんだ」と思わせるホッコリ建築。

南側は坂茂の設計にトリ2018年に増築。 ←

構造や仕上げが「木」だから？ それもあるが、それだけではない。

クロスボールトの下のコンコースは、高さ12mの吹き抜け。板張り部分より下は、一辺9mの立方体だ。いつもの磯崎であれば立方体の上に直接、クロスボールトを架けるうなところ。いったん柱で浮かすのはなぜ？

実は、当初は約20mの高さの塔を検討したが、町の条例に従い、高さを抑えることに。

3m
9m
9m　9m

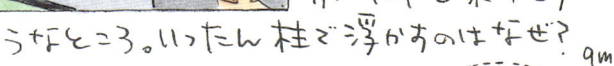

磯崎はどうしてもシンボル性をもたせたくて浮かせたのだろう。それによりこんなふうにカワイク見える。←この模様は汽車の車輪？ そんな具象性も胸キュン。

富山県立山博物館 展示館・遙望館

階段と映像で登拝を疑似体験

ようぼう

1991年

遙望館の北側外観。展示館の方向から
歩くと、墓地を通り抜けてたどり着く

所在地　富山県中新川郡立山町
　　　　芦峅寺 93-1（展示館）
設計　　磯崎新アトリエ
施工　　新栄ほか JV（展示館）、
　　　　坂井組ほか JV（遙望館）
構造　　RC 造（展示館）、RC 造・
　　　　木造（遙望館）
階数　　地上 3 階（展示館）、地上
　　　　2 階（遙望館）
延べ面積　1784 ㎡（展示館）、
　　　　663.9 ㎡（遙望館）
竣工　　1991 年（平成 3 年）
交通　　富山地方鉄道・千垣駅から
　　　　徒歩で約2km

🔵展示館の南側外観。2 階休憩室のミラーガラスに立山の風景が映り込む

「富山県立山博物館」（現在は「富山県［立山博物館］」と表記）は 1991 年、かつて立山信仰の拠点集落の一つであった立山町芦峅寺に開館した。展示館、遙望館、まんだら遊苑の 3 施設を中心に立山の魅力を発信する分散型の施設だ。このうち展示館と遙望館を磯崎新が設計した。4 年後の 1995 年に完成したまんだら遊苑は、磯崎新アトリエ OB の六角鬼丈（1941 ～ 2019 年）の設計による。

　展示館は「人間と自然とのかかわり方」をテーマに、常設展示と年 2 回の特別展示で立山の魅力を紹介する。来館者は中心のらせん階段でトップライトの光を目指して 3 階に上り、展示を見ながら外側の階段で下りる。動線自体が立山への登拝のようだ。

　遙望館は 500 mほど離れた墓地の隣にひっそりと立つ。立山の雄大な自然と立山曼荼羅の世界を大型 3 面マルチスクリーンで上映する。映像が終わると、スクリーンが上がり、正面に立山の全景が見えるという大胆な演出だ。この演出は芦峅寺に伝わる「布橋灌頂会」（江戸時代に立山への登拝が許されなかった女性たちが極楽往生を願っ

た儀式）のクライマックスを再現したものでもあるという。

　遙望館は、積雪 3 m の豪雪に耐える大空間を、両端の鉄筋コンクリート造コアと米松集成材による船底のような架構で構成している。構造設計は川口衞が担当した。

🔵遙望館の東側外観

🔵遙望館の映像ホール。上映が終わると、外の景色が見える。屋根は木造

磯崎建築の中ではそれほど有名でないと思われるこの博物館。
東京から行きにくいから？ いや、だからこそ行く価値がある！
500m離れた2つの施設から成る。

その1。富山県立山博物館
展示館

立山の登り口、芦峅寺の街の中心部にある展示館。テーマは「立山信仰」だ。

展示をじっくり見ずとも、磯崎が設定した動線を歩くだけで信仰を体験した気分になる。

◀まずは中心にあるらせん階段で、トップライトも見上げながら3階まで上る（左回り）。

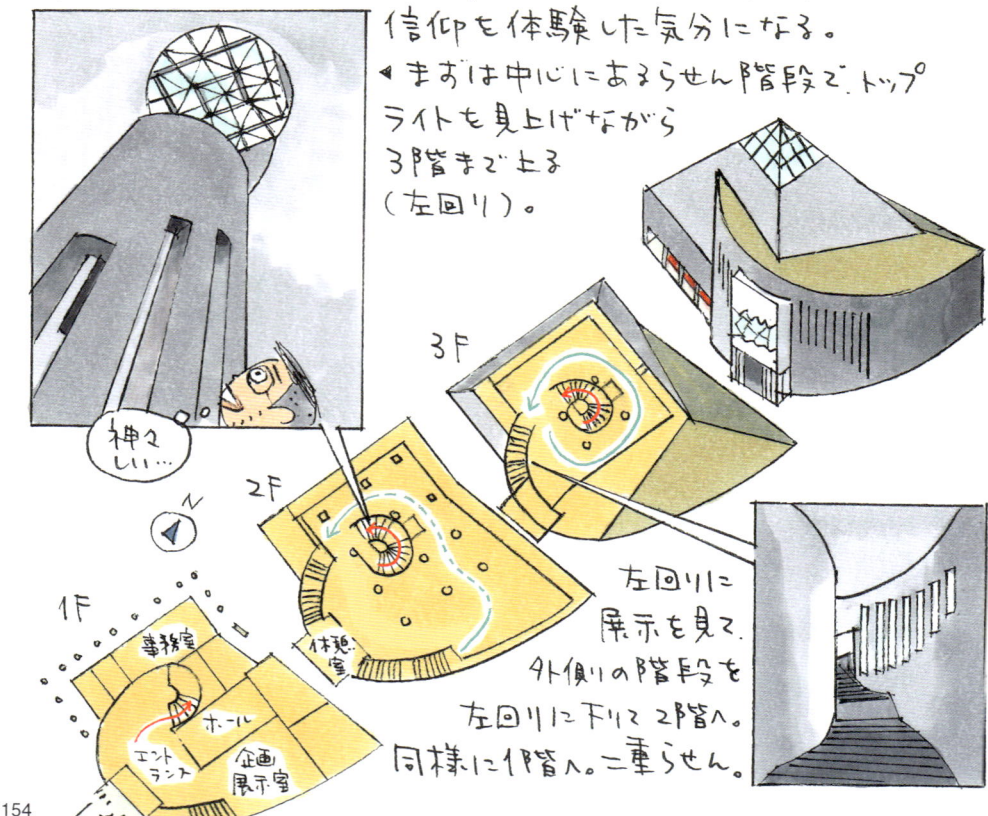

神々しい…

3F

2F

1F

事務室

体憩室

ホール

エントランス

企画展示室

左回りに展示を見て、外側の階段を左回りに下りて2階へ。同様に1階へ。二重らせん。

2階の休憩室からは、山並みが見える。それを見て、「そうか、このガラスの割り付けは山並みか」と気づく。

上って下ることで立山登拝を擬似体験する。いわば現代の「さざえ堂」だ。

富山県立山博物館
遙望館

展示館から東に5分ほど歩くと遙望館。

隣は墓地

ぬめっとした形も面白いが、映像ホールの仕掛けにびっくり。

映像が終わると、ゆっくりと背後の壁が上がり、スクリーンが上がる。

30年以上、この仕掛けが毎日動き続けている、てすごい！

木造としても、かなり凝った架構。もっと評価したい建築。

造成なしの奇策でコンペ当選

東京造形大学

1993年

TOKYO ZOKEI

入り口部分に谷をまたぐように立つ1号館

◯西側から1号館の方向を見る

所在地　東京都八王子市宇津貫
　　　　　町1556
設計　　磯崎新アトリエ
施工　　大林組・田中建設共同企
　　　　　業体
構造　　鉄骨鉄筋コンクリート造・
　　　　　鉄筋コンクリート造・鉄骨造
階数　　地下1階・地上4階
　　　　　（1〜5号館）
延べ面積　10万121㎡
　　　　　（1〜5号館）
竣工　　1993年（平成5年）
交通　　JR相原駅から徒歩15分、
　　　　　スクールバスで5分

　東京造形大学のキャンパスは、磯崎新が設計者に選ばれた経緯を知ってから見ると腑に落ちる。1986年、豊口協学長（当時）はキャンパスを現在地に移転するにあたり、指名コンペを実施した。豊口学長自身が中心となり、「脂ののっている40〜50代」「日本建築学会賞の受賞者」などを条件に、磯崎新、阪田誠造、高橋靗一、毛綱毅曠、山下和正の5人を選んだ。

　前年に行われた東京都新庁舎の指名コンペで磯崎は、要項破りの低層案を出して話題を呼んだ。ここでも磯崎は、大学側が開発行為を申請していた敷地造成計画をほとんど無視。他の4人は、造成計画通りに、南側の山を切り崩した部分にグラウンドを置き、主要な施設を北側に集めた。対して磯崎は、南側を造成せず、谷を囲むようにいくつかの建物を置き（現在の1〜6号館部分）、その他を谷地にばらまいた。

　学生の自由を重んじ、大学側が管理しにくい配置にしたのだ。これが「21世紀のキャンパス環境」と審査会で高く評価されて当選。各建物の形状は変わったが、コンセプトは生かされて1993年に完成した。

　磯崎の配置案では美術館の位置も特徴的。すでに亡くなっていた白井晟一（1905〜1983年）の設計による美術館を置くこともコンペの与件で、これをゲート状の1号館をくぐった真正面に置いた。白井と磯崎のコラボともいえるこの美術館は見応えがある。

◯1号館の最上階にあるラウンジ

◯横山記念マンズー美術館の展示室。原設計は白井晟一

東京造形大学のキャンパスで"磯崎新らしさ"を味わうには、2つのことを知っておきたい。なんだかなーと思っている学生さんもぜひ。

TOKYO ZOKEI UNIVERSITY

ゲートが校舎！

1 磯崎新は業界大注目の指名コンペ※で、造成計画無視の案を出して設計者に選ばれた。

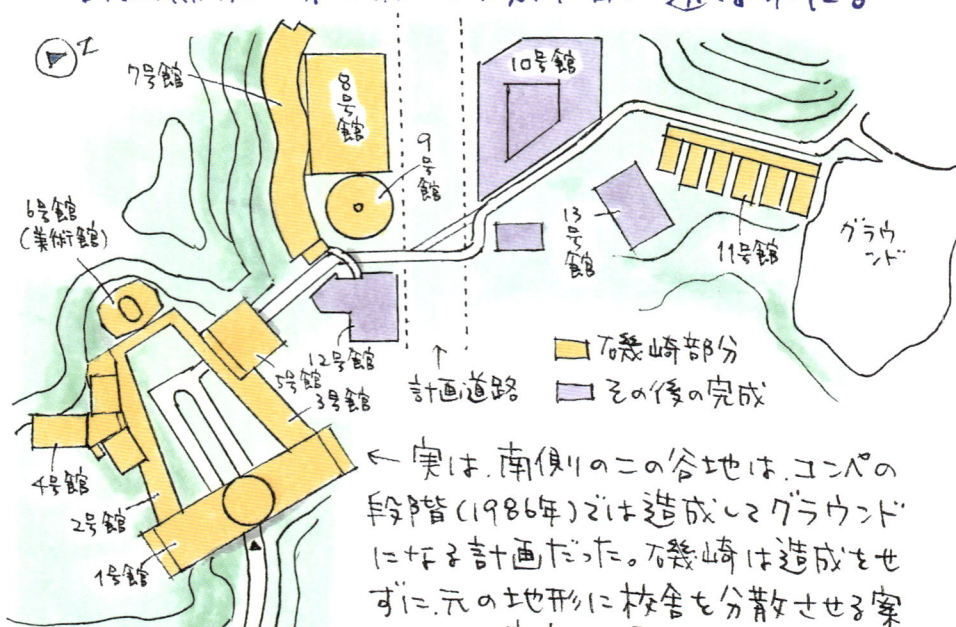

N

7号館

8号館

10号館

9号館

6号館（美術館）

13号館

11号館

グラウンド

12号館

5号館 3号館

計画道路

□ 磯崎部分
□ その後の完成

4号館

2号館

1号館

←実は、南側のこの谷地は、コンペの段階（1986年）では造成してグラウンドになる計画だった。磯崎は造成をせずに、元の地形に校舎を分散させる案を提出。審査員全員一致で選ばれた。バブルに向かおうとする時代に先進的。

※ 指名されたのは磯崎新、阪田誠造、高橋靗一、毛綱毅曠、山下和正の5人。

158

なぜ？と思えるこの →
台形配置は、谷地を
無理なく囲むため。

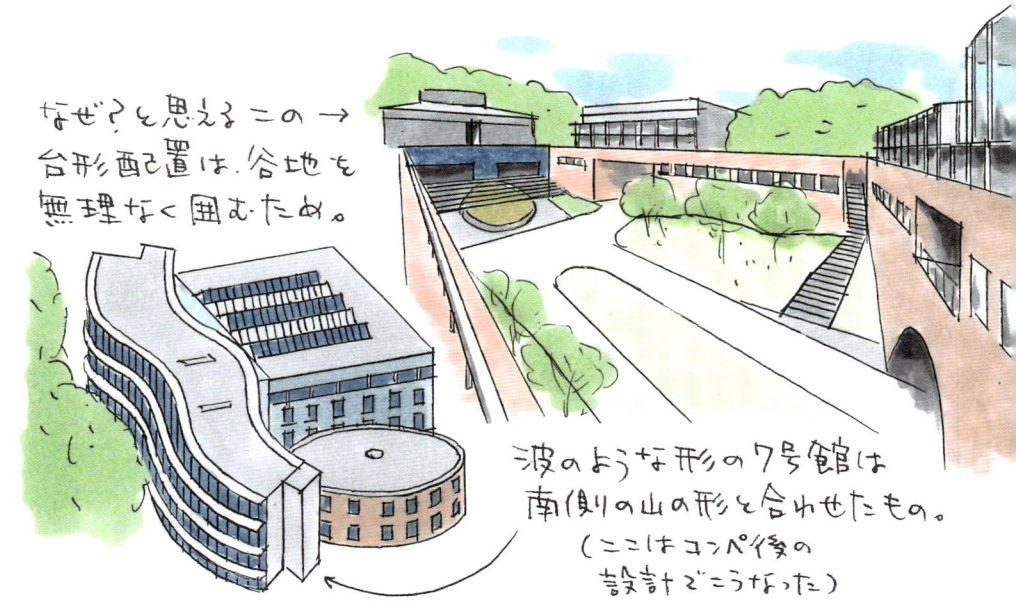

波のような形の7号館は
南側の山の形と合わせたもの。
（ここはコンペ後の
設計でこうなった）

② 美術館は、磯崎が一目置いたあの建築家の原設計。

↳このマンズー美術館、建築好きなら
すぐに「白井晟一っぽい」と思うだろう。
「ぽい」ではなく、原設計者は白井だ。

コンペの時点で白井の設計による美
術館は与条件にあり、5人の中でも
磯崎案は一番目立つ位置にこれ
を置いていた。
↓

白井晟一
1905-83

コンペ案
(1986)

白井の遺作の1つと言えそうだが、完
成時の『新建築』には小さな外観
写真のみ。これはもっと評価すべき!!

世界的造園建築家とのコラボ
兵庫県立先端科学技術支援センター

1993年

△ 前庭から会議棟を見る

所在地	兵庫県赤穂郡上郡町光都3丁目1-1
設計	磯崎新アトリエ＋設計組織ADH＋ピーター・ウォーカー・ウィリアム・ジョンソン・アンド・パートナーズ
施工	竹中工務店・新井組・北村工務店特別共同企業体
構造	鉄筋コンクリート造・鉄骨造
階数	地上3階
延べ面積	7394.06㎡
竣工	1993年（平成5年）
交通	JR相生駅からバスで約25分

　兵庫県立先端科学技術支援センターは、「播磨科学公園都市」に集う研究者や技術者が交流するための施設だ。略称は「CAST」。会議棟と宿泊棟が1993年に完成。東側に第2期として兵庫県立大学の研究棟が完成し、3棟で前庭を囲む形となった。

　設計は磯崎の弟子にあたる渡辺真理（設計組織ADH）と共同で進めた。さらに、ランドスケープ設計には、世界的に著名なランドスケープ・アーキテクトのピーター・ウォーカーが参加している。前庭に整然と並ぶ小さな山を見れば、これはピーター・ウォーカーだなとわかる。宿泊棟の中庭のランドスケープが秀逸なので、ぜひ泊まってみたい（一般の人も泊まれる。）。

　磯崎はこの近くの集合住宅も設計した。兵庫県西播磨総合庁舎は渡辺真理の設計だ。学園都市全体の「アーバンデザイン計画」は磯崎新、安藤忠雄、渡辺真理、ピーター・ウォーカーの4人によってつくられ、「時間とともに成長する森の中の都市」をコンセプトとしている。

△ 会議棟の多目的ホール

△ 宿泊棟の中庭。左のガラスブロックの中は浴室

この建築の目玉は、ピーター・ウォーカーが絵画して実現した幾何学的なランドスケープだ。

Peter Walker
1932〜

あれ、枯れた？

完成から30年以上がたち、当初の意図がわかりづらい部分が多々あることは否めない。特に、この前庭。

1993

それでも、宿泊棟の中庭はgood！ 砂紋が消えている以外はほぼ完璧。

中庭の飛び石は室内まで連続している。さすが！

浴室も磯崎の設計。宿泊して体験を。

磯崎新

18

奈義町現代美術館／奈義町立図書館

作品と一体化した第3世代美術館

1994年

所在地　岡山県奈義町豊沢 441
設計　磯崎新アトリエ
施工　大成建設
構造　鉄筋コンクリート造・鉄骨造
階数　地上2階
延べ面積　1887 ㎡
竣工　1994 年（平成6年）
交通　JR 津山駅からバスで約 40 分

▲南東から見た奈義町現代美術館／奈義町立図書館の外観。右の円筒が展示室「太陽」

岡山と鳥取の県境の町、岡山県奈義町に 1994 年 4 月に開館した。町立の現代美術館と図書館から成る。南側の赤茶の箱は 1 階がギャラリースペースで、2 階が図書館。北側はすべて美術館だ。「Nagi MOCA（ナギ・モカ）」とも呼ばれる。

磯崎新はこの美術館を「第 3 世代の美術館」と位置付けて設計した。第 1 世代は王侯貴族のコレクションを公開するもの。第 2 世代は、権威となった美術館に対する批判として生まれたもの。第 3 世代の美術館は、「特定の場所に特定の作品」を置くもの。つまり、作品と建物とが半永久的に一体化した美術館だ。

金色の斜めの円筒は「太陽」の展示室。銀色の三日月は展示室「月」で、これらを結ぶ細長い棟が展示室「大地」だ。「太陽」には荒川修作＋マドリン・ギンズ、「月」には岡崎和郎、「大地」には宮脇愛子が、それぞれ恒久作品をつくった。特に、荒川修作＋マドリン・ギンズによる「遍在の場・奈義の龍安寺・建築する身体」は、時空が歪んだかのような強烈なインパクトだ。

3 つの展示室は、土地の自然条件に基づいた固有の軸線を持っている。太陽の軸は南北軸、月の平坦な壁は中秋の名月の午後 10 時の方向を指し、大地の中心軸は秀峰那岐山の山頂へと向かっている。美術館に入らなくても建物の屋上に上れるので、ぜひ上って軸線を感じてほしい。

▲池に設置された宮脇愛子の「うつろひ」。右が展示室「大地」、奥が「月」

▲南棟2階にある奈義町立図書館。ハイサイドライトから自然光が入る

実は、筆者は完成時（1994年）にもこの施設に取材に来た。そのとき、こう思った。

こんなの見たことない！すばらしい〜

でも、10年後にやってるかなあ

宮沢27歳

そう思ったことを謝りたい。この施設、人気が再燃しており、2021年は開館1年目に次ぐ入館者数を記録したという。

ゴメンナサイ！

「これまでの美術館では収蔵も展示も不能の作品」を作家とともにつくり上げ、常設展示する——。そのコンセプトが今の時代にぴったり合っているのだ。

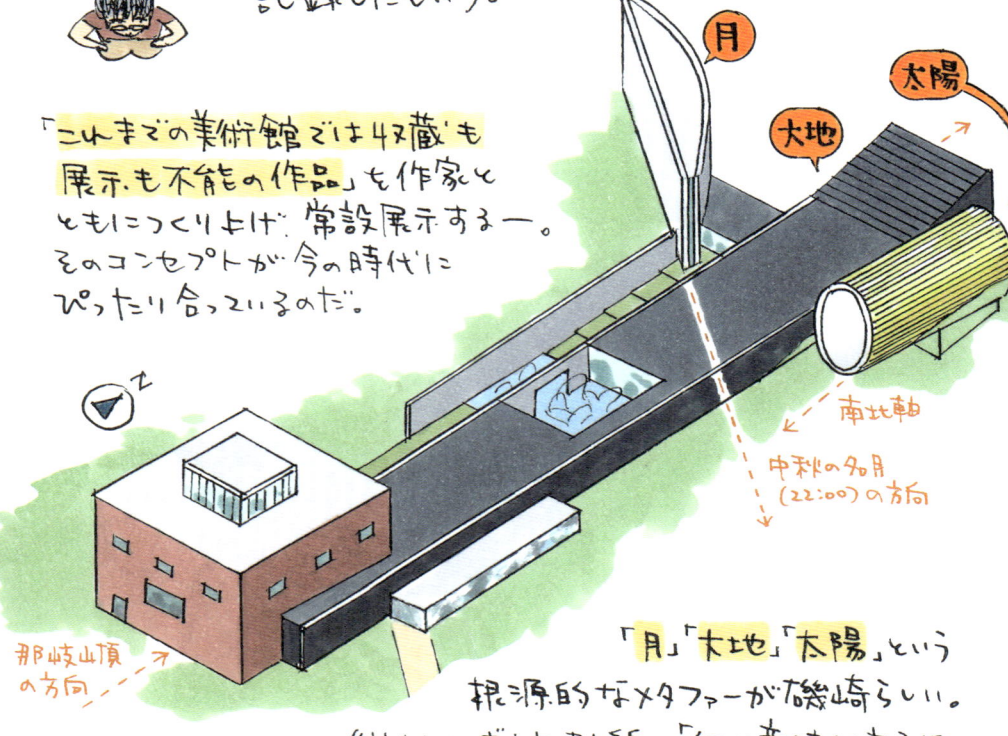

月

太陽

大地

南北軸

中秋の名月（22:00）の方向

N

那岐山頂の方向

「月」「大地」「太陽」という根源的なメタファーが磯崎らしい。微妙にずれた軸線も「何か意味があるな」と思わせる。入る前から高尚なものに触れた気持ちになる。

最初に出迎えるのは「大地」。
宮脇愛子のワイヤー作品。「うつろひ」のための展示空間だ。

室内にも続く

屋上からのながめ

「月」にあるのは、岡崎和郎の「HISASHI
ー補遺するもの」。どこまでが作品？
と思ってしまうが、「安らぎの場所」が
テーマなので、座ってボーッとしよう。

人気再燃の原動力は、やはりこの「太陽」
だろう。荒川修作＋マドリン・ギンズによる
「遍在の場・奈義の龍安寺・建築する身体」。

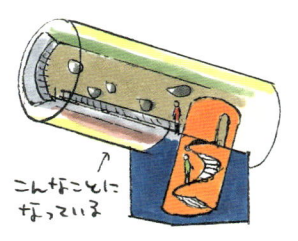

こんなことに
なっている

確かにSNS
映えしそう

荒川
磯崎

アートと建築のせめ
ぎ合いは、大阪万博での
岡本太郎と丹下健三の
バトルも思い起こ
させる。やっ
ぱり師弟。

岡本
丹下

所在地	大分県別府市山の手町 12-1
設計	磯崎新アトリエ
施工	清水建設・佐藤組・三光建設 JV（本体）、大成建設・菅組・和田組 JV（タワー）
構造	RC造・S造（本体）、鉄骨張力複合構造（タワー）
階数	地下3階・地上4階（本体）
延べ面積	3万2453.17㎡（本体）
竣工	1995年（平成7年）
交通	JR別府駅からバスで約8分、徒歩で約20分

🔵北東から見た外観。奥に見えるのが高さ125mのグローバルタワー

　別府国際コンベンションセンター「ビーコンプラザ」は、磯崎新の設計で1995年に完成した。コンベンションホール、フィルハーモニアホール、国際会議室、レセプションホールなどから成る複合施設。見た目ではわからないが、運営面では別府市部分と大分県部分に管轄が分かれている。

　三角形の敷地の東側に「グローバルタワー」という展望塔がある。別府市の観光塔といえば、構造家の内藤多仲が設計した「別府タワー」（1957年、竣工時高さ100m）

が既にあったが、磯崎のグローバルタワーは高さが125mと高い。これは水戸芸術館（146ページ）のシンボルタワー（高さ100m）よりも高い。形も前衛的で、直径1kmの球面の一部と、垂直に立つ2本の円柱により、高さ100mの位置の展望台を支える。構造設計は川口衞が担当した。

　施設名の「ビーコン」は「Beppu Convention」が由来だが、同音の英語「beacon」は高所に掲げた合図・信号のための灯火を意味する。

🔵グローバルタワーの展望台。エレベーターを出て、階段を上るとさらに開放感が高まる

🔵広々としたエントランスホール。床の模様は巨大な円とその中心に向かう直線

別府に行ったら、必ずビーコンプラザのグローバルタワーに上ろう！

片持ちのガラス箱。上階は屋根なし。

この弓のような曲面。構造的にバネになっているのかと思ったら、そういう理由ではなかった。正解は「別府公園の標高0m地点を球心とする直径1kmの巨大な仮想の球の一部」とのこと。こういうことか！

1km

1km

別府公園

そして、エントランスホールやホワイエの床の模様も同じ球心を向いているという。うーん、それは気づかない！

別府公園

フィルハーモニアホール

コンベンションホール

レセプションホール

N

タワー

これって丹下健三の"消える軸線"(@広島)への対抗心なのでは？

167

所在地	大分県大分市王子西町 14-1
設計	磯崎新アトリエ
施工	大林・後藤・森崎JV
構造	鉄骨鉄筋コンクリート造
階数	地下1階・地上6階・塔屋1階
延べ面積	2万3002㎡
竣工	1995年（平成7年）
交通	JR西大分駅から徒歩15分、大分駅から徒歩25分

○南から見た外観。左側が図書館棟、右は公文書館棟。左方向に先哲史料館棟がある

　旧大分県立大分図書館（110ページ）が約30年を経て手狭になり、磯崎新の設計で新図書館の計画がスタート。2kmほど離れた別敷地で県立図書館、県公文書館、県立先哲史料館が一体となった複合施設として、1995年に完成した。図書館のみで比較すると、面積は約5倍、蔵書能力は約4倍（160万冊）となっている。

　主要部を占める閲覧室は、「百柱の間」と名付けられた。計100本の柱があり、格子状に広がる梁によってつながれている。内側に構造壁はなく、一辺7.5mの立方体フレームが9列×9列（81コマ）連続する。天井はガラス繊維で補強された石膏板のクロスボールト。規則的に配置された144個のスカイライトから光が入る。

　閲覧室も特徴的だが、その前に強烈な印象を与えるのはエントランスホール。一辺ほぼ15mのコンクリートの立方体の上部に円盤が内接された構造で、隙間から荘厳な光が差し込む。書物に向き合う姿勢を試すかのような空間だ。

○「百柱の間」と名付けられた閲覧室。構造設計は川口衛が担当

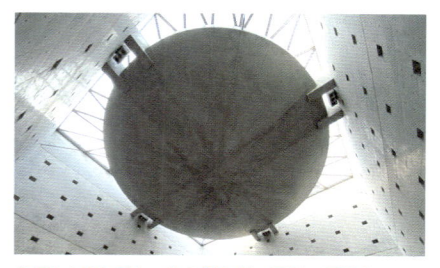

○エントランスホールの見上げ。天井の円盤もコンクリート打ち放し

地上では実感できないが、上から見るとこんな形をしている。

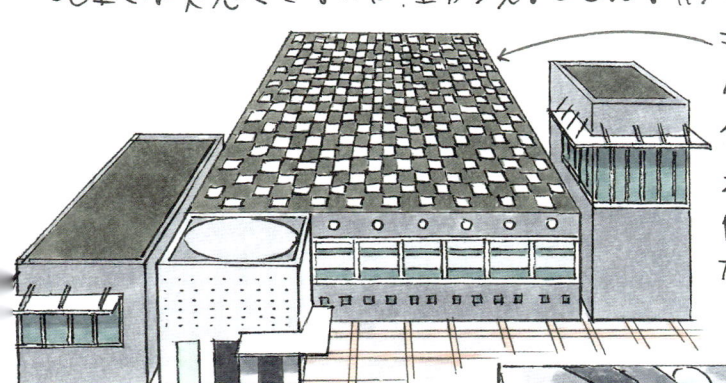

まん中の正方形部分は「百柱の間」と名付けられた。数えてみると、本当に10×10の柱割り。磯崎らしいなぁ。

ほぼワンルームの開架閲覧室→は、柱と梁の"森"。天井にはゆるいクロスボールトが架かり、市松状に配置された丸穴から、やわらかい光が入る。

閲覧室も面白いけど、主役はこのエントランスホールだろう。15m四方の立方体に円盤状のフタ。

荘厳…

閉ざされた箱に思えても、見方を変えれば光は差す、というメッセージかも。

21

施工＝デザインの瓦の黒船

なら100年会館

1998年

中ホールは四周がガラス張り。普通の建物は外側が開放的で中心が閉鎖的なものだが、それを逆転したようなつくり

所在地	奈良市三条宮前町 7-1
設計	磯崎新アトリエ
施工	大林組・鴻池組・大日本土木・森本組・浅川組・尾田組・中村建設・木村建設・ホクシン JV
構造	コンクリート補強鋼板シェル構造・鉄骨造・鉄骨鉄筋コンクリート造・鉄筋コンクリート造
階数	地下 1 階・地上 5 階
延べ面積	2 万 2682.26 ㎡
竣工	1998 年（平成 10 年）
交通	JR 奈良駅から徒歩約 5 分

🔵南側から見た外観。現地ではぜひぐるっと 1 周回って見てほしい

磯崎新は幾何学や歴史だけでなく、構造や施工などの「技術」にも強い関心を持っていた。そうした幅広い関心が 1 つのデザインに結実した好例が「なら100 年会館」だ。

奈良市の市制 100 周年事業の 1 つとして計画された。場所は JR 奈良駅西口の目の前。2 段階の設計コンペが実施され、磯崎は 2 段階目のシード枠から参加して当選を果たす。当選時から、実施案とほぼ同じ内容の "完璧" とも思える案だった。

船をさかさまにしたようなムックリとした形が鈍い光で覆われる。異質な形だが、色むらのある瓦（正確には瓦風還元焼成タイル）に奈良の歴史を感じる。外壁の曲面は円弧ではなく、クロソイド曲線。高速道路の出入り口などに使われる幾何学曲線だ。

平面は楕円形で、それを駅側にずらす形でガラス屋根のエントランスホールを設けた。この楕円のずれは、屋外の床にも展開されている。

壁はプレキャストコンクリートのパネルを上下 2 段に分割してつないだもの。たたんだ状態で組み上げ、全体を一気にジャッキアップして建て上げた。磯崎の盟友である川口衞が考案した「パンタドーム構法」だ。外からはわからないが、中に入ると壁の内側に、パネルをつないだ部分のヒンジが見える。隠すこともできたはずだが、これをデザインとして見せるところが磯崎の技術好きを表している

🔵楕円のずれの間にあるエントランスホール。傾斜したガラス屋根はねじれている

🔵壁の内側にヒンジが見える

171

石磯崎新の建築は、イラストルポが描きやすい。
いや、描きたくなる。「なら100年会館」を見て
改めてそう思った

理由1

シンプルな幾何学でできている。

正方形、正三角形、円と単純な形にこだわって
きた石磯崎。ここでのベースは2つの楕円のズレ。

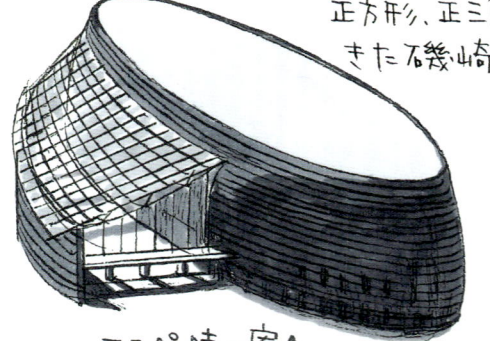

大ホール　中ホール

三角形の
敷地を生かす。

至JR奈良駅

コンペ時の案↑。
すごい。ほとんど
変わっていない。

実現した→
エントランスホール

←外構にも
楕円のズレ

幾何学の美しさは人に伝わり
やすい。石磯崎がコンペに
強かったのもうなずける。

ねじれ
がいい！

なるほど

ズレが
この形に

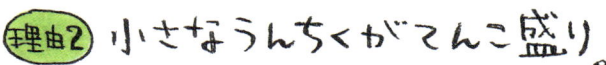

理由2 小さなうんちくがてんこ盛り。

例えば、壁の断面は円弧ではなく
クロソイド曲線※だ。

※曲率が一定の割合で
変化していくうずまき

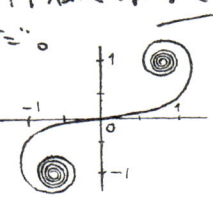

あ

理由3 発見する喜び。

磯崎が埋め込んだうんちくに
は説明されないと気づきようの
ないものが多い一方で、予備知識
があれば気づくものもある。

← 中ホールの
ホワイエの
壁を見る
と……→

折れ目の
ヒンジ!

萌える!

予備知識:「パンタドーム構法」※

ジャッキ
アップ!

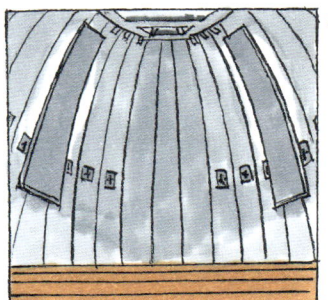

※「く」の字に折り曲げた天井と側壁を
同時に建ち上げる構法。構造家
の川口衞が考案。

大ホールの壁にもヒンジ。
構造家へのリスペクト
に満ちたデザイン
がグッとくる。

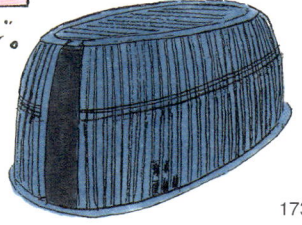

173

▲北側から見る。左奥のピンクの壁が宿泊棟。中央がサロン、右が食堂

所在地	山口県美祢市秋芳町秋吉50
設計	磯崎新アトリエ
施工	鹿島建設・旭建設工業JV（本館）、協和建設工業・秋山建設JV（宿泊棟）
構造	RC造・S造
階数	地下1階・地上3階
延べ面積	5164.83㎡（本館）、2594.64㎡（宿泊棟）
竣工	1998年（平成10年）
交通	JR新山口駅からバスで秋芳洞まで約40分、秋芳洞からタクシーで約5分

秋吉台国際芸術村は国定公園秋吉台のふもとに、国内外の芸術家の表現創造活動の拠点として1998年にオープンした。作曲家の細川俊夫を中心に秋吉台で長年運営されてきた音楽セミナーの流れで計画され、細川の舞台装置を手掛けたことがあった磯崎新が設計者に選ばれた。

約300人を収容するホール、食堂、研修室、スタジオ、ギャラリー、最大100人を収容する宿泊棟などから成る。低い丘に囲まれた袋状地に、ばらまいたかのように建物を配置。一番奥にある大ホールは、現代音楽の巨匠、ルイジ・ノーノのオペラ『プロメテオ』を念頭に設計された。片側をギザギザの壁で囲み、あえて不均質な音場とした。座席はほとんどが可動椅子で、どこにでもステージを設けられる。磯崎はここでのキーワードを「群島（アーキペラゴ）」とした。

宿泊棟や食堂に向かう道にゲートのように立つ建物（サロン）は、磯崎の初期住宅「N邸」を再現したものだ。宿泊棟も食堂も、一般の人が利用できる

▲本館を南東側から見る。右にギャラリーやスタジオ、左にホールがある

▲サロンは磯崎の初期住宅「N邸」（1964年）の再現

メリ口

宿泊棟

食堂

← サロン

本館

N

袋状の谷地にばらまかれたように配置される建物群。こんな敷地に設計するのはさぞや大変だろう、と思ったら。複数の敷地候補からここを選んだのは、磯崎新本人だという。磯崎らしい…。

〈ホール〉

何だ、このホールのギザギザ形は？どこにでもステージを設けられるという。磯崎らしい…。

他にも至る所に「磯崎らしい」と言いたくなる光景。

しかし、予備知識がなければ全く意図がわからないこのサロンが、実は最も「らしい」。

↓

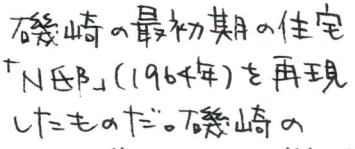

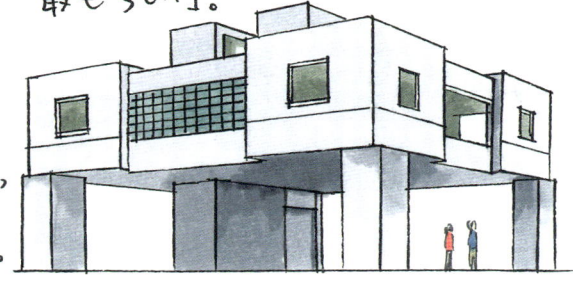

磯崎の最初期の住宅「N邸」（1964年）を再現したものだ。磯崎の"立方体への目覚め"を追体験しよう。

所在地	岐阜県多治見市東町4-2-5
設計	磯崎新アトリエ・熊谷建築設計室設計共同企業体
施工	東急・鴻池・岐建特定建設工事共同企業体
構造	鉄骨造・鉄骨鉄筋コンクリート造・鉄筋コンクリート造
階数	地下1階・地上3階
延べ面積	1万4459.23 ㎡
竣工	2002年（平成14年）
交通	JR多治見駅からバスで約12分、徒歩15分

🔵東側の池（写真左）から本館の下をくぐる形でカスケード広場が続いていく

　陶磁器を介して人々の交流を図るために、磯崎新が中心となって設計した施設だ。大きくは岐阜県現代陶芸美術館とメッセ施設の「オリベスクエア」で構成される。

　敷地は大小3つの谷地にまたがっており、「緑のままの自然を残して、その隙間に人工的な建造物をつくる」計画とした。谷をまたぐ本館の下には、カスケード広場と名付けられた外部空間が整備された。

　アプローチのブリッジやトンネルを抜けると本館3階レベルの屋上広場に導かれ、2階の美術館、1階の展示ホール、地階のカスケード広場と降りていく構成。

　美術館の展示室Ⅰは、本体の構造から全面的に吊られている。本体が大きく揺れても、定点を保持する仕組みだ。「今日建物全体をゴムパッキングにのせる免震対策がなされているのが普通だが、ここでは吊られた部分だけを免震すればいい」と磯崎は述べる。構造設計は川口衞が担当した。

　別館の「作陶館」は自然光が差す室内が印象的。そちらもお見逃しなく。

🔵本館入り口のある屋上広場（地上3階）

🔵吊り免震を採用した美術館Ⅰを、展示ホールの吹き抜けを介して見る

この建築には、
磯崎新らしい
びっくりポイント
が2つある。

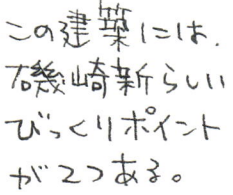

1 施設の下を
"くぐり抜ける風"
の巨大カスケード
（水階段）。

ここは
どこ？

← 主入口

B1F

カスケード広場

水盤は貫
通してはいな
いが、水盤の
面積では
国内トップ
クラスでは。

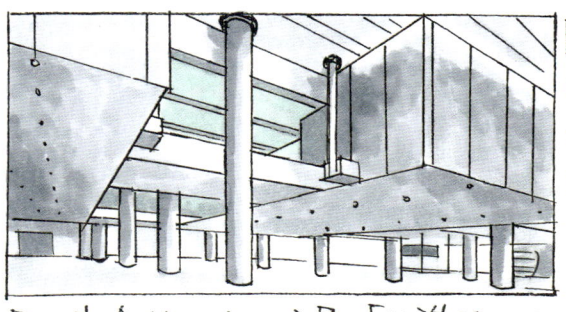

2 展示ホール（1階）の上
に浮かぶ展示室I（2階）。
こちらは"嵐"ではなく、本当
に3階から床を吊っている。

鋼材

オイル
ダンパー

展示室全体を上から吊る「並進振り子
型免震」。構造設計は川口衛。
西日本総合展示場（1977）、なら100年会館（98）
…と、川口は磯崎と組むと大胆になる？

所在地 山口県山口市中園町
7-7
設計 磯崎新アトリエ
施工 大林組・安藤建設・旭建
設工業・技工団特定建設
工事共同企業体
構造 鉄骨造・鉄筋コンクリート造
階数 地下2階・地上3階
延べ面積 1万4807.54㎡
竣工 2003年（平成15年）
交通 JR山口駅から徒歩約25
分、バスで約10分

🔺西側の公園から見た外観。屋根は3つの大きな波型

　山口情報芸術センターは2003年、山口市の湯田温泉と山口駅などを結ぶ場所に開館したアートセンターだ。展示空間のほか、図書館、スタジオ、シアターなどを併設。西側には市の中央公園が広がる。

　通称「YCAM（ワイカム）」。建築メディアでは当時、「ビッグウェーブやまぐち」という別名が付けられて発表されたが、今はこの名称は使われていないようだ。ビッグウェーブとは屋根の形を指している。各機能は直列的に南北に細長く並べられ、求められる高さによって3つの波型の中に収められた。構造設計は佐々木睦朗。

　外部の仕上げはまるで倉庫のよう。形状優先で閉鎖的に思えるが、中に入ると想像以上に開放的で心地いい。4か所に中庭があり、樹木が植えられていることが大きい。室内にも中庭を介して自然光が入る。多目的に使われることを想定したホワイエは、実際にさまざまな展示やイベントに使われている。この地に大きな波を起こしたことは間違いないようだ。

🔺施設内にこうした中庭が4つある

🔺図書館を見下ろす。緩やかにウェーブする天井の一部にトップライトがあり、柔らかく天井を照らす

磯崎新の建築には主要機能が直列しているものがいくつかある。このYCAMは、直列系の中でも最大のもの。

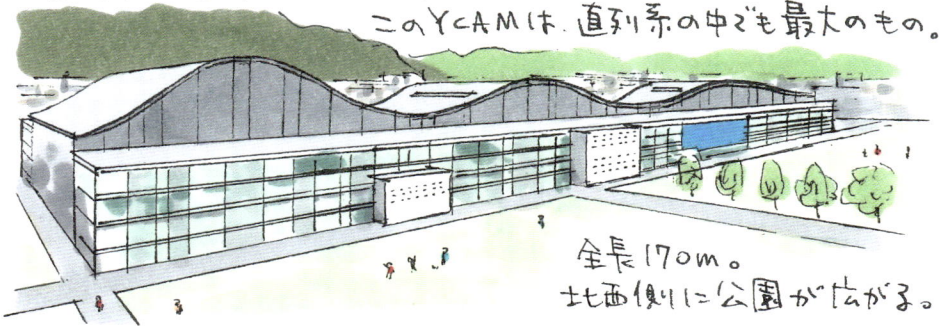

全長170m。
北西側に公園が広がる。

規模が大きかったためだろうか。磯崎建築には珍しい要素がある。

| 工作室 | スタジオ | | ホワイエ | スタジオ | | 図書館 | 書庫 |

それは植物。2つの細長い中庭にはそれぞれ千本の木が立つ。

図書館は、曲面天井を自然光が照らして、ゆったり感。

珍しい

多目的に使うホワイエは両側から光。

「情報」がテーマの建築だと空間は「自然」に近づく？外観を特徴づける波状屋根も、モチーフは「山並み」。ド直球！

179

所在地	岐阜県本巣郡北方町北方 1857
設計	磯崎新アトリエ
施工	土屋組（ホール棟）ほか
構造	鉄筋コンクリート造・鉄骨造・鉄骨鉄筋コンクリート造
階数	地下 1 階・地上 2 階
延べ面積	4494.91 ㎡
竣工	2005 年（平成 17 年）
交通	名鉄岐阜駅・JR 岐阜駅からバスで約 30 分

🔷 メインエントランスのある北西側外観。屋根は鉄筋コンクリートの自由曲面シェル

　磯崎新を総合コーディネーターとして整備された「岐阜県営北方住宅」。その住宅棟の 1 つである北ブロック A 棟に増築する形で磯崎の設計により建設された複合施設である。北方町の生涯学習センターと岐阜県の建築情報センターから成る。

　デザインの起点となったのは、1998 年に磯崎が構造家の佐々木睦朗と組んで参加した中国・北京の「国家大劇院」コンペ。グネグネした曲面屋根で覆われる磯崎案は最終段階まで残ったが、政治的な理由で実現しなかった。佐々木はこうした曲面を合理的につくる方法の研究を続け、7 年後のこの施設で実現に至った（開館は 2006 年 1 月）。磯崎の助言もあり、佐々木はこうした構造を「フラックス・ストラクチャー」と命名した（flux ＝流れ）。

　この構造は「カタール・ナショナル・コンベンション・センター」（2011 年）など海外で花開く。しかし、磯崎の活動は国外へとシフトし、日本国内の単体の建築（恒設）ではこの施設が最後の実作となった。

🔷 北東側の外観。隣接する北ブロック A 棟も磯崎が設計に参加している

🔷 屋根の穴のような部分（ライトウエル）は鉄骨トラスから立ち上がっている

自由曲線による署名性を避け、どうしても必要な時には「モンロー・カーブ」なるものを言い訳的に使ってきた磯崎新。21世紀に入ってついに"合理的な自由曲線(面)"を実作に使う時が来た。

意外に小ぶり

円形の多目的ホールやギャラリーをグネグネの屋根が覆う。コンピューターの解析により、応力や変形を最小化した形だ。

ホール

これは、構造家の佐々木睦朗と組んで提案した中国の「国家大劇院コンペ案」(1998)を発展させたもの。

1998（実現せず）

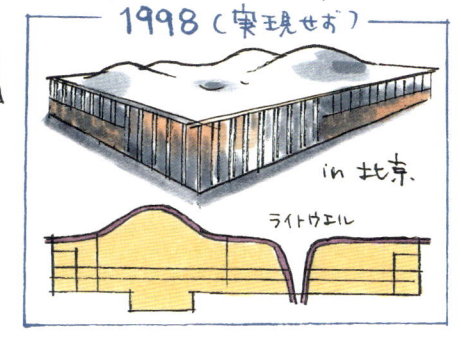

in 北京

ライトウエル

？

普通は暗い場所にあるライトウエル(光井戸)が屋外に面してあるのも、国家大劇院のリベンジと知れば、納得。

深掘り対談

師・丹下を乗り越えるための
「アバンギャルド」という戦略

渡辺真理氏（左）と五十嵐太郎氏（右）。対談は渡辺氏の事務所（設計組織ADH）で行った（人物写真：総合資格 出版局）

渡辺真理氏 ✕ 五十嵐太郎氏

設計組織ADH 共同代表、
法政大学名誉教授

東北大学教授

70年代後半から90年代半ばにかけて、日本の建築界のトップランナーは間違いなく磁崎新だった。海外では、師・丹下健三が勝ち得た日本人建築家の "末席" を、テーブルのど真ん中へと引き寄せた。海外での第一歩を支えた磁崎新アトリエOBの渡辺真理氏と、世代を越えて交流のあった建築史家・五十嵐太郎氏に、磁崎新の原動力について話を聞いた。（聞き手：宮沢洋）

——今日は、磯崎新さんが長く国内外の建築をリードする立場であり続けた理由をお二人にうかがいたいと思います。渡辺さんは1981年に磯崎新アトリエに入所して、磯崎さんの初期の海外プロジェクトを担当されていますね。でも、それ以前のプロフィルを見ると、京都大学を出て、ハーバード大学に留学して…と、一見、磯崎さんと接点がなさそうな歩みです。

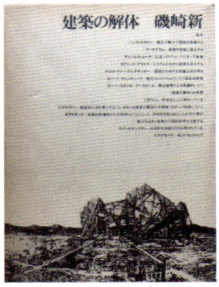

『空間へ』（1971年、美術出版社）と、『建築の解体』（1975年、美術出版社）の表紙

渡辺：僕が京都大学にいたのは1970年代の半ばです。建築界の動向や思潮に関心のある学生たちは当時誰もが建築家磯崎新に興味を持っていたと思います。群馬県立近代美術館や北九州市立美術館（いずれも1974年竣工）ができるかできないかという頃でしたけれど、やっぱり磯崎さんの建築や言説がダントツに面白かった。

　作品も言説も全部わかるわけじゃないけど、すごく刺激を受けるんです。『空間へ』から『建築の解体』の頃で、特に『建築の解体』は美術手帖の連載をコピーして暗記するくらい読んでいました。

　当時、アメリカンセンターというものが日本各地にあって、京都にもありました。磯崎さんがそこで講演をすると聞いて、「講演会の後に話を聞かせてほしい」と申し入れたら、会ってくれたので、京大の仲間5、6人で話を聞きました。磯崎さんと会ったのはその時が初めてです。磯崎さんも東大の学生とは付き合いがあっただろうけれど、京大の学生はどんな感じなのか興味があったのかもしれません。

　京大の大学院を出た後、ハーバードに行く前に、磯崎アトリエでアルバイトをしたことがあります。『新建築』の編集長だった馬場璋造さん（1935～2021年）の紹介でした。京都に来る外国人建築家をアテンドするというボランティア業務をこなしていたので、馬場さんとは面識がありました。その場で電話をしてくれたので、すんなり磯崎アトリエのアルバイトになることができました。

　磯崎さんの所で半年働いた後、渡米して

渡辺真理 （わたなべまこと）

設計組織ADH代表、法政大学デザイン工学部建築学科名誉教授。1950年群馬県前橋市生まれ。
1973年京都大学卒業、1977年同大学院修了。1979年ハーバード大学デザイン学部大学院修了。1981～1995年、磯崎新アトリエに勤務。「ロサンゼルス現代美術館」、「ザ・パラディアム」、「ブルックリン美術館」などを担当。1987年、木下庸子氏と設計組織ADHを設立。1993年に完成した「兵庫県立先端科学技術支援センター」（160ページ）では、磯崎氏と協働してプロジェクトを実現した

ロサンゼルス現代美術館（写真：五十嵐太郎）

ハーバードの大学院に行きました。その後、ケンブリッジセブンという設計事務所で2年間ほど働きました。そろそろ日本に戻ろうかなという時に、磯崎さんの秘書の網谷さんから突然の電話がありました。「何でしょうか」と聞いたら、「磯崎に代わります」とすぐに本人に代わったので、びっくりしました。アルバイトの時には、磯崎さんと直接話すことはほとんどなかったですから。

――自分で磯崎新アトリエの門を叩いたのではないのですね。

渡辺：そうです。もちろん興味はありましたけれど、入れてもらえるとは思ってもいませんでした。

米国の美術館の仕事を磯崎さんが取られたので、「リエゾン」（橋渡し役）として働いてほしいということでした。アメリカの設計実務を少しでも知っている人間が近くにいると、何か役に立つだろうと思われたのでしょう。

――その仕事が「ロサンゼルス現代美術館」（MOCA）なんですね。

はい、そうです。

1990年は"第二次磯崎イヤー"

――アメリカでのお話はまた後でうかがいます。五十嵐さんは私と同世代なので、大学時代に磯崎さんの建築が次々に出来上がっていた頃だと思います。

五十嵐：80年代の後半に東大の学部生だったので、当時はポストモダンの全盛で、磯崎さんがすごく発言されていました。僕は建築史の研究を志して鈴木博之先生のところに行ったりしていたので、東大の図書館で見ていた『建築行脚』シリーズに惹かれていましたね。

写真家の篠山紀信さんと世界の名建築を訪ねるもので、当時でも1万円くらいしたと思うので、自分では買えない。だから図書館でよく読んでいました。篠山さんの写真もいいんですが、磯崎さんの論考が的確なんです。特に、クロード・ニコラ・ルドゥが設計した「ショーの製塩工場」について書かれたものは、当時、日本語で読める数少ないルドゥに関する文献で、卒論にも関係していたので、熱心に読んだ記憶があります。

――磯崎さんの建築に関する言説はどう思われましたか。

五十嵐：磯崎さんは 1974 年が"第一次磯崎イヤー"で、1990 年が"第二次磯崎イヤー"だったと思うんです。1990 年の『新建築』を 1 年間見ていると、まず連載（「《建築》という形式」）を 1 年間通してやっているんですよ。重厚な文章が 1 年間出ずっぱりです。建築作品では表紙を 3 回飾っています。1 年に表紙を 3 回飾るのもすごいと思うし、他に実作が 2 つ、プロジェクトで完成していないものも含めると、1 年に 10 作品載っています。"磯崎新祭り"みたいになっていました。

僕は大学院生の頃で、一方では建築家の鈴木隆之さんが「大文字の建築」批判を発表したりしていた。だから、磯崎さんの言説からやっぱり目が離せないという時代でした。

—— 大学時代や大学院時代に、磯崎さんにお会いしたことはあったのですか。

五十嵐：博士課程に入ってからでした。ちゃんと話をしたのは、1996 年です。「カメラ・オブスクラあるいは革命の建築博物館」という展覧会が池袋のメトロポリタンプラザであって、僕は 4 人のキュレーターの 1 人である田中純さんの展示を、院生と一緒に手伝ったんです（プロデューサーは磯崎新で、他の 3 人のキュレーターは中谷礼仁、松原弘典、貝島桃代の各氏）。

その打ち上げに呼ばれて、磯崎さんと雑談をしていたら、磯崎さんが「君たち新世紀エヴァンゲリオンを知っているか」っていう話

1990 年に『新建築』の表紙を飾った磯崎建築。左から「水戸芸術館」、「サンジョルディ・パレス」、「北九州国際会議場」

五十嵐太郎 (いがらしたろう)

東北大学大学院研究科教授。1967 年フランス・パリ生まれ。1990 年東京大学工学部建築学科卒業。1992 年同大学院修士課程修了。博士（工学）。中部大学講師・助教授、東北大学大学院助教授を経て、2009 年から同教授。

2008 年のヴェネチア・ビエンナーレ国際建築展で日本館コミッショナーを務める。書籍『磯崎新の建築談義』シリーズ（全 12 巻、六耀社、2001 年）では磯崎氏への聞き役を務めた

を振ってきたんです。突然に（笑）。磯崎さんは多分、スタッフから、最近こういう面白いアニメがあるって聞いていたんだと思うんです。その頃はエヴァンゲリオンもそんなに話題ではなくて、その場にいた人間で、見ていたのは僕だけだったんですよ。

それで、ちょっと変わったやつがいると磯崎さんの頭にインプットされたんだろうと思います。その後、エヴァンゲリオンの本を出したら、磯崎さんは買ってくれたらしいんです。僕が送ったわけじゃないんですよ（笑）。

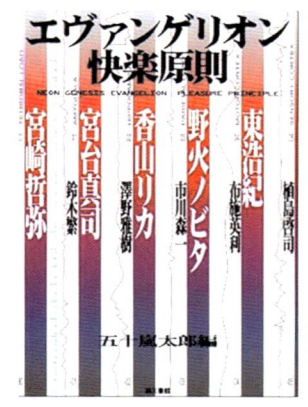

『エヴァンゲリオン快楽原則』（五十嵐太郎編、1997 年、電子本ピコ第三書館販売）

——歴史だけでなく、最新のカルチャーにも興味があったんですね。

五十嵐：すごくあったと思います。

磯崎新の記憶力とコミュ力

渡辺：エヴァンゲリオンで思い出したんですけど、僕たち夫婦（妻は設計組織 ADH を共同主宰する木下庸子氏、工学院大学名誉教授）は、乃木坂の磯崎さんの住まいの近くに住んでいたこともあって、磯崎さんから「うちで今日、ビデオを見るけど来ないか」って言われて、木下も呼ばれたことが何度かありました。デビッド・リンチの「ツインピークス」のシリーズは武満徹（作曲家）や大江健三郎（小説家）も観ている、と聞き、興味をそそられました。エヴァンゲリオンも、その頃、話題に出ていました。

設計事務所のスタッフってボスといつも自由な話ができるわけじゃないんです。でも、僕は米国出張中には磯崎さんと行動を共にしたこともあり、そういう話を磯崎さんと共有できたのかと思います。

——日常の磯崎さんは『新建築』に書いているようなことを、延々とスタッフに話すのですか。

渡辺：いえ、そういうことは全くないです。例えばスタッフ仲間だった八束はじめさんとか菊池誠さんとか、亡くなった青木宏さんから、磯崎さんがこんなこと言っていたよというのを聞いて、雑誌に掲載された磯崎さんの文章をあわてて回し読みする感じでしたね。

——ロサンゼルス現代美術館の設計で、磯崎さんの下で働いてみて、どんなことが印象的でしたか。

渡辺：ロサンゼルスは水平に拡散した都市なので車での移動になることが多いんですけれど、僕が運転して磯崎さんを乗せるわけですね。今考えてみると、普通、ボスって後ろの席に座ると思うんです。ですが、磯崎さんは隣の助手席に座るんですよ。

助手席の磯崎さんといろいろな話をするわけですが、とにかく記憶力がいい。カーナビがない時代で、迷っていると磯崎さんが道を指

示してくれる。なぜわかるんですかと聞くと、だいぶ前に UCLA に客員教授で来た時、建築家のハンス・ホラインが運転する車に乗せてもらったと。その1回だけで覚えているんですよ。

磯崎さんの言説がすごいということは学生時代からよくわかっていましたけれど、あの時代にああいう文章を書けたのは、単にたくさん本を読んでいるというだけじゃなくて、メモリー容量がすごいんだと。

──ちなみに、磯崎さんは英語がかなりしゃべれる人だったんですか。

渡辺：磯崎さんは勘がいい人なので、相手の言っていることはすぐわかる。頭のいい人なので、クライアントと英語の打ち合わせをしながら、会話もジョークも体得していく感じでした。

──クライアントともすぐに打ち解ける方なんですか。

渡辺：そうですね。誰とでもというわけではないと思いますが、僕が関わったいくつかのプロジェクトでは、そもそもクライアントと気が合うから仕事を引き受けるという感じでした。

極端な例ですけど、「ザ・パラディアム」（1985 年完成）というニューヨークのクラブの設計のスタートがとても印象的でした。クライアントの2人は、「Studio54」という伝説のクラブで大儲けしたものの、脱税で捕まって、1年間牢屋に入ってから、さあ次のプロジェクトをやろうっていうので磯崎さんに声をかけたんです。

磯崎さんと僕の2人で、マンハッタンの14丁目にあるパラディアムに行ったら、ステージの上で2人が待っていました。2人のうちのスティーブ・ルーベルの方がバスケットボールを持っていて、何も言わずに磯崎さんにパスしてきたんですよ。

磯崎さんは二、三度ドリブルして、そこにあったバスケットゴールにシュートしました。そうしたら2人が笑いながらやって来て握手です。「合格！」っていう感じで仕事が決まりました。まるでドラマを見ているようで、びっくりしました。

──突然パスが来ても、私はドリブルできません（笑）。

渡辺：磯崎さんもバスケットをやっていたわけではないと思うのですが、いきなりああいうことができてしまうのがすごい。

事前の準備なしでスラスラ答える

五十嵐：先ほどの磯崎さんのメモリー量がとんでもないという話は僕もすごく共感します。インタビュアーとしてはかなり助かるんですよ。

──五十嵐さんが磯崎さんと一緒につくった『磯崎新の建築談義』は、五十嵐さんが聞き役を務めたものでしたね。

五十嵐：はい。先ほど話した『建築行脚』のシリーズの12冊を、篠山紀信さんの写真はそのままでテキストを全部入れ替えるという話になって、僕が聞き役に指名されたんですね。エヴァンゲリオンのことがあって、僕のことがどこかに引っかかっていたのでしょう。

インタビュアーとして一番困るのは、質問するとボソッと返事があって、すぐに次の質

磯崎新の建築談議 #12
クライスラー・ビル〔20世紀〕　写真 藁山紀信
ARATA ISOZAKI
ARCHITECTURE CHAT

歴史のなかの12建築を平明に語る。
全12巻、第1回配本、参阅絵78円）

クライスラー・ビル〔20世紀〕

五十嵐氏が聞き役を務めた『磯崎新の建築談義』（2004 年、六耀社）全 12 巻のうちの「12 クライスラービル」

問を考えなくちゃならない人です。磯崎さんの場合は何か一つ話を振ると、記憶が連鎖し、ずっと話が続くので、その間にこちらも何パターンか質問を考えたり、こうやって返そうとか想定する時間の猶予をもらえる。

よくこんなに記憶しているなと思うのは、その建築の歴史だけでなく、旅のエピソードも含めてです。最終的に書籍になっている内容は、編集者が「ここは補ってください」みたいな加筆をしている部分もありますが、骨格はほとんど話したままですよ。

インタビューは、12冊の本を12回では終わらなくて、多分15回くらいやりました。こちらは事前にいろいろ調べて臨むわけですが、磯崎さんは多分このためにわざわざ調べたりはしていないと思います。それでもスラスラ答えられる。

アバンギャルドという生き方

―― 渡辺さんと五十嵐さんは一回り以上歳が離れていますが、ともにトップランナーとしての磯崎さんに影響を受けてきたということ

になります。建築界のトップにいる長さでは、師である丹下健三さんをも超えているように思うのですが、なぜそんなに長く頂点に居続けられたと思いますか。

渡辺：磯崎さん自身の姿勢として、アバンギャルドであり続けようとしていたということが大きいと思いますね。師匠の丹下健三さんを強く意識してのことだと思いますが、自分の建築はこれまでの建築とは違うんだ、という立場を鮮明にしていた。

前にも後ろにも誰もいない道を歩いているわけだから、磯崎建築に対して「よくわからん」という程度の批判はいくらでもできるわけだけれど、「これは失敗だ」とはなかなか言えない。そういう安易な批評を許さない。そういう仕掛けがめちゃくちゃうまかった。というか、そういうことが本能的にできる人だったと僕は思っています。

―― 「アバンギャルド」というと、普通は一過的なものを思い浮かべますよね。磯崎さんがそれを長く続けられたのは？

渡辺：レナート・ポッジョーリに『アヴァンギャルドの理論』という著作があります（篠田綾子訳、晶文社、1988 年）。磯崎さんの営為はことごとく彼の分類を参照しているかのようです。アバンギャルドであり続けるには、情報を発信し続けて「流行」をつくらないとならない。情報が途絶えたら、アバンギャルドは駄目なんですよ。だから磯崎さんは発信するために、常に新しい情報をインプットする努力をしていたように思います。

五十嵐：僕は一時期、"磯崎新ドラキュラ説"を唱えていたことがあって、磯崎さんは若

深掘り対談　磯崎新編

い人の生き血を吸って若さを保っているようだ、と。エヴァンゲリオンの話もそうですが、若い人は自分の知らない何か新しいことを絶対知っているはずだから、それを吸い取っていこうみたいな感じがあった。

建築談義のインタビューも雑談に近くて、話が映画だとか音楽だとか、美術だとか、どんどん飛んでいって、偶発的なセッションをすごく楽しんでいる感じでしたよ。

――なるほど。最後に、お二人が磯崎さんに受けた影響をうかがえますか。

渡辺：僕は、コーリン・ロウの『コラージュ・シティ』を訳したこともあり、都市組織型の建築を設計しています。磯崎さんは、自身の建築は都市のコンテクストから生成されるとは考えていなかったので、対極です。不肖の弟子です。『コラージュ・シティ』が SD 選書

に加わった時に、磯崎さんが帯の文章を書いてくださいました。不肖の弟子にも優しい人でした。

――そうでしたか。五十嵐さんは、歴史家として受けた影響はありますか。

五十嵐：「キュレーター」や編集の方法としてはあります。自分が展覧会の企画をするときには、自分よりも下の世代の人を巻き込んで考えるようにしています。磯崎さんなら、どうするだろうと考えることもありますね。

――確かに、五十嵐さんがキュレーターを務める展覧会は、磯崎さんがやっていた展覧会を引き継いでいるようにも思えます。そのうち、"五十嵐太郎ドラキュラ説"がささやかれるかもしれませんね（笑）。本日は貴重なお話をありがとうございました。

磯崎新による丹下健三への弔辞

丹下健三先生

先生の手がけられた数多くの建築のなかでも、とりわけ気品にあふれ聖なる空間へと昇華したかにみえる、もっとも気に入っておられたに違いないこの《東京カテドラル》に、今日は大勢の弟子どもが参集しております。

おわかれに来たのではありません。たった一言でもいい。最後のお言葉を聞きたい。〈建築〉そのものに化身されていた先生のお言葉がまだ聞けるのではないか、そんな想いでここにいるのです。

お前たち、本当に俺の弟子か、とにが笑いなさっているかもしれませんが、私たちは皆、そのように考えております。あるものは直接手をとって教えていただきました。あるものには、鋭く行く先を示されました。あるものは、はるかにお仕事ぶりを拝見して、先達と心に決めてまいりました。
だが不肖の弟子どもよ、とお叱りを受けそうな気がします。このうち誰が、先生の抱かれた壮大な構想のほんのかけらでも受け継ぎえているのか自らをかえりみて忸怩たるものがあります。

建築することとは、単に街や建物を設計することではない、人々が生きているその場のすべて、社会、都市、国家にいたるまでを構想し、それを眼に見えるよう組み立てることだ。これが、私たちが教えていただいた〈建築〉の本義であります。

先生はこの本義を体現されていました。〈建築〉の化身だと私が考える由縁であります。

丹下健三先生が活躍をはじめられた20世紀中期の日本では、国家がそのような建築を望んでいました。先生の比類のない構想力が思う存分発揮されました。このとき日本の近代建築は世界のものになりました。今では、20世紀の世界の建築史はケンゾウ・タンゲの名前をはずしては語れなくなったといえるでしょう。

我が師の栄誉をたたえよう、
弟子どもだけでなく、日本という国家もそういうでしょう。
だが、と柔和な顔をされながら、鋭い眼の奥底から、わが師は語りかけられているように私は感じているのです。

君たちはいったい、これから何をやろうとしているのかね。私は半世紀以上も前にこの国家の肖像を描いてやったのだよ。何ひとつとして満足できる時代じゃなかった。そんなきびしいなかでも〈建築〉するという志さえあれば、その肖像は生み出すことができた。ところがこの満ち足りた時代になってみたら、日本という国家はさまよっている。
〈建築〉が消えている。
わが弟子たちよ、いったいどういうわけなのだ。
丹下健三先生はこういって、嘆かれていると私は思うのです。

ウィルという言葉には意思とともに、遺言という意味があります。先生の遺された作品の数々がそのままウィルにあてうるでしょう。だがそれだけではない。もうひとつの意味である意志、つまり〈建築〉を構築しようとする意志、それを忘れてはいけない。

半世紀にわたってひとりの弟子として師事したあげくに私はやっと、これ
だけの推量ができるようになりましたが、不肖の弟子のひとりとして、これ
が並々ならぬ難問であることがいま身にしみてきつつあります。

そこで、私は誰もが口にする、やすらかにお眠りくださいという決まり文句
をいいたくありません。

丹下健三先生、眼をみひらいて、見守っていてください。

弟子どもが道をふみはずさずに、先生の遺志をついで行くことができるか
どうかを。

弟子の甘えで、申し上げました。

弟子のひとり
磯崎新

2005年3月25日に「東京カテドラル聖マリア大聖堂」で行われた
丹下健三の葬儀にて。

おわりに

　周りに建築関係者が全くいなかった少年時代の筆者（1967年生まれ）が、生まれて初めて「かっこいい！」と思った建築は「国立代々木競技場」（国立屋内総合競技場、1964年）の第二体育館だった。小学校の遠足のバスから見た夕景だ。今もそのシルエットを覚えている。この話は本編のイラストにも描いた（52ページ参照）。

　もし筆者が小学生ではなく、高校生あるいは中学生だったら、きっと「建築家になろう」と思っていたに違いない。絵の好きな少年に、あの造形は刺さる。対談に登場いただいた堀越英嗣氏（1953年生まれ）はまさにそうだったと語っているし、「国立代々木競技場世界遺産登録推進協議会」の代表理事を務める隈研吾氏（1954年生まれ）もそれを公言している。もしあの建築がなかったら、日本の建築の歴史は大きく変わってしまうだろう。

　磯崎新氏の「つくばセンタービル」（1983年）も、それに近い存在なのではないか。前職の日経BPに就職した筆者が建築専門誌『日経アーキテクチュア』に配属されたのは1990年。筆者と同世代の建築史家・五十嵐太郎氏が証言するように、この年は"磯崎新祭り"だった（185ページ参照）。

　文系出身で建築のトレンドが理解できていないうえに、磯崎氏が書く文章は抽象的。さっぱりわからなかった。先輩記者たちの話では、当時の「ポストモダン」と呼ばれる奇天烈な建築群の出発点は、この「つくばセンタービル」だという。

　自分の中では"難解さの元凶"のようなイメージだったこのビルを実際に見たのは、90年代後半だったと思う。その"普通さ"にびっくりした。予備知識がなければ、地方都市によくある駅前再開発にしか見えない。周囲に対して特段、奇異なものではない。そこに設計者が仕込んだダブルミーニングが、"見える人にだけ見える"のだ。なんという知性。本来のポストモダンというものは、奇天烈な外観を競うものではなく、こういう知的ゲームであったのか。

・・・

　いつの間にか建築が面白くなり、2人の建築も見て回るようになると、磯崎氏のデザインが師・丹下健三との距離の取り方で生まれていることがわかってくる。筆者が建築ジャーナリストの磯達雄とのコンビで進める日経アーキテクチュアの連

載『建築巡礼』でも、2 人の建築はたびたび取り上げた。しかし、難点がある。丹下建築はデザインの幅が広くて "らしさ" が分析しにくく、磯崎建築は自らが語り過ぎるがゆえに、やはり "らしさ" を読み解くのが難しいのだ。

丹下氏が 2005 年に亡くなって 10 年もたつと、自分の周りに丹下建築の話をする人が少なくなっていることも気になっていた。時が過ぎればそういうものと思うかもしれないが、もっと前に亡くなっている村野藤吾（1891 〜 1984 年）や吉阪隆正（1917 〜 1980 年）の建築を見て、その感激を語る人は今も多い。筆者は文系出身なのでその感覚がよくわからないのだが、おそらく大学で建築教育を受けた人には、丹下健三は "王道" 過ぎて、「見なくても知っている」存在となっているのではないか。

・・・・・・・・・・・・・・・・・・・・・・・・・・・・・・・・・・・・

本書の企画は、磯崎氏が 2022 年 12 月に亡くなり、年明けに日経アーキテクチュアの磯崎新特集を手伝っているときに思いついた。主要な磯崎建築を改めて見て回る中で、「2 人の建築をそれぞれで語るのは難しいが、師弟というくくりで見れば共通点や相違点が語れるのではないか」。そうひらめいた。

磯崎建築は、丹下建築とは別の意味で "王道" であり、しかもその言説の難しさゆえに、本人が発信しなくなれば急速に「見なくても知っている」存在となる危険性がある。微力ではあるが、2 人の建築のリアルな面白さを世に伝えたい──。

思いつくと当てもなく始めてしまうのが編集者の性で、かなりの数を見て回ったところで、総合資格出版局から本を出してもらえる約束を取り付けた。日本建築界の両巨頭を、素人に毛が生えたような人間が分析するという無謀な企画に賛同してくれた同社には深く感謝したい。

同じように、「何者？」と思いつつもこの企画に許可をいただき、校正に目を通していただいた TANGE 建築都市設計、磯崎新アトリエの方々にもこの場を借りてお礼を申し上げたい。

2 人の建築を見て回って改めて思う。建築は「体験」してこそ面白い。

2025 年 1 月　宮沢洋

初出

P50–53 のイラスト：
建設業しんこう 2021 年 5 月号および 7・8 月合併号
「クイズ 名建築のつくり方 国立代々木競技場第一体育館」のイラストの一部を流用して加筆

P164–165 のイラスト：
日経アーキテクチュア 2022 年 7 月 14 日号
「奈義町現代美術館／奈義町立図書館」のイラストを再構成

P172–173 のイラスト：
日経アーキテクチュア 2023 年 10 月 12 日号
「建築巡礼 なら 100 年会館」のイラストを再構成

上記以外は本書のための書き下ろし。

参考文献／書籍・雑誌 (五十音順)

磯崎新の「都庁」戦後日本最大のコンペ
（平松剛著、発行：文藝春秋、2008 年）

画文でわかる建築超入門 [歴史と創造]
（宮沢洋著、発行：彰国社、2024 年）

空間へ
（磯崎新著、発行：美術出版社、1971 年）

芸術新潮 2013 年 8 月号
「磯崎新が読み解く知られざる丹下健三」
（発行：新潮社）

芸術新潮 2023 年 10 月号
「いまこそ知りたい！ 建築家 磯崎新入門」
（発行：新潮社）

建築 1965 年 2 月号
「磯崎新・都市と建築における作品と方法」

新建築の各掲載号

丹下健三
（丹下健三・藤森照信著、発行：新建築社、2002 年）

丹下健三 1938–1970 ―戦前からオリンピック・万博まで―
（発行・監修：文化庁、編集：文化庁国立近現代建築資料館、2021 年）

丹下健三 時代を映した "多面体の巨人"
（日経アーキテクチュア編、発行：日経 BP、2005 年）

日経アーキテクチュア 2023 年 2 月 23 日号特集
「闘争と矛盾の磯崎新」
（発行：日経 BP）

マンガふるさとの偉人
丹下健三〜世界のタンゲと呼ばれた建築家〜
（原案・監修：豊川斎赫、漫画：愛馬広秋、発行・製作：今治市、2024 年）

参考文献／ WEB

arch-hiroshima
「広島平和記念資料館および平和記念公園」

日経クロステック 2023 年 12 月 26 日付
「磯崎新、3 つの "喪失"」（津久井五月著）

BUNGA NET2022 年 5 月 23 日付
「藤森式解説 01：バウハウス越えを宣言した丹下健三『ミケランジェロ頌』の意味」（藤森照信インタビュー）

各施設の公式サイト

TANGE 建築都市設計のサイト
（https://www.tangeweb.com/）

磯崎新アトリエのサイト
（https://isozaki.co.jp/）

著者プロフィール

宮沢 洋
（みやざわひろし）

画文家、編集者、BUNGA NET 代表兼編集長。1967 年東京生まれ。1990 年早稲田大学政治経済学部政治学科卒業、日経 BP 社入社。日経アーキテクチュア編集部に配属。2016 年〜 19 年まで日経アーキテクチュア編集長。2020 年 2 月に独立。2020 年 4 月から磯達雄と Office Bunga を共同主宰。2021 年 5 月、株式会社ブンガネットを設立。著書に『隈研吾建築図鑑』、『誰も知らない日建設計』、『イラストで読む建築 日本の水族館五十三次』、『シネドラ建築探訪』、『はじめてのヘリテージ建築』、『画文でわかる建築超入門［歴史と創造］』、『イラストで読む 湯けむり建築五十三次』。共著に『建築巡礼』シリーズ（磯達雄との共著）、『画文でわかる モダニズム建築とは何か』（藤森照信との共著）など。「みんなの建築大賞」推薦委員および事務局長、「東京建築祭」実行委員（いずれも 2023 年から）。

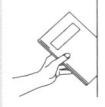

総合資格学院の本

●設計展作品集 & 建築書

**構造
デザインマップ
東京**

定価:2,090円
判型:15×
25.8cm

**構造
デザインマップ
関西**

定価:2,090円
判型:15×
25.8cm

**環境
デザインマップ
日本**

定価:2,090円
判型:15×
25.8cm

**STRUCTURAL
DESIGN MAP
TOKYO**

定価:2,090円
判型:12.5×
21cm

**建築学生の
ための
就活ガイド**

定価:1,870円
判型:A5判

**LINKAGE
人・建築・都市
を○○でつなぐ**

予価:2,420円
判型:四六判

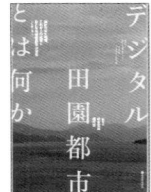

**デジタル
田園都市
とは何か**

定価:3,300円
判型:B5判

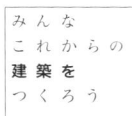

**みんな
これからの
建築を
つくろう**

定価:3,080円
判型:B5判

**住む人の
ための
建てもの再生**

定価:2,200円
判型:A5判

**CANON
QUANTU-
METRIC
量子的生成**

定価:5,830円
判型:A4判変形

**アイゼンマン
の建築論
QUANTU-
METRIC**

定価:2,420円
判型:B5判

**建築模型で
学ぶ!
木造軸組構法
の基本**

定価:7,700円
判型:30.5×24
×8.4cm

**建築新人戦
オフィシャル
ブック**

定価:1,980円
判型:A4判

**建築学縁祭
オフィシャル
ブック**

定価:1,980円
判型:B5判

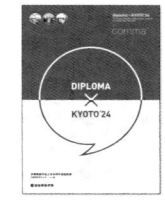

**Diploma
×
KYOTO**

定価:2,200円
判型:B5判

※すべて税込価格となります

お問い合わせ　総合資格学院 出版局
［URL］https://www.shikaku-books.jp/
［TEL］03-3340-6714

Nagoya Archi Fes

定価：1,980円
判型：B5判

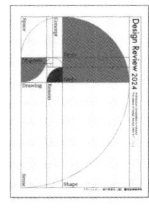

デザイン レビュー

定価：2,200円
判型：B5判

赤れんが 卒業 設計展

定価：1,980円
判型：B5判

JIA 関東甲信越 大学院修士 設計展

定価：2,200円
判型：A4判

修士設計 コンセプト マッチ

定価：1,980円
判型：A5判

歴史的空間 再編コンペ ティション

定価：1,980円
判型：B5判

●試験対策書

1級建築士
学科試験対策

学科 ポイント整理 と確認問題

定価：3,850円
判型：A5判

1級建築士
学科試験対策

学科 厳選問題集 500+125

定価：3,850円
判型：A5判

1級建築士
学科試験対策

学科 過去問 スーパー7

定価：3,850円
判型：A5判

建築士
試験対策

建築関係 法令集 法令編

定価：3,080円
判型：B5判

2級建築士
設計製図
試験対策

設計製図 テキスト

定価：4,180円
判型：A4判

2級建築士
設計製図
試験対策

設計製図 課題集

定価：3,300円
判型：A4判

画文で巡る！
丹下健三・磯崎新建築図鑑

2025 年 3 月 1 日　初版第 1 刷発行
2025 年 4 月 10 日　初版第 2 刷発行

著　者　　　　宮沢洋

発行人　　　　佐藤拓也

発行元　　　　株式会社 総合資格
　　　　　　　〒 163-0557
　　　　　　　東京都新宿区西新宿 1-26-2 新宿野村ビル 22F
　　　　　　　TEL 03-3340-6714（出版局）
　　　　　　　https://www.shikaku-books.jp/

編集協力　　　株式会社 総合資格 出版局（新垣宜樹）

デザイン・DTP　株式会社 総合資格 出版局（志田綸）

印刷・製本　　シナノ書籍印刷 株式会社